心與腦

徐嘉宏・洪裕宏・梁庚辰
張　復・張震東・嚴震東　著

作 者 簡 介

徐嘉宏（策劃主編）

學 歷：美國伊利諾大學博士

經 歷：台大心理學系講師、副教授

現 任：台大心理學系教授兼主任

洪裕宏

學 歷：美國印第安那大學哲學暨認知科學博士

經 歷：中央研究院歐美研究所副研究員

現 任：國立中正大學哲學研究所教授兼所長

梁庚辰

學 歷：美國加州大學爾灣校區心理生物學博士

經 歷：台大心理學系講師、副教授

現 任：台大心理學系教授

張　復

學　歷：美國哥倫比亞大學數理統計博士

經　歷：美國貝爾實驗室

現　任：中央研究院資訊研究所副研究員

張震東

學　歷：美國伊利諾大學香檳校區生理學博士

經　歷：伊利諾大學生理系博士後研究

　　　　國立台灣大學生化科學研究所副教授

現　任：國立台灣大學生化科學研究所教授

嚴震東

學　歷：美國費城傑佛遜醫學院生理學博士

經　歷：美國聖路易華盛頓大學博士後研究

現　任：國立台灣大學動物學系教授

序

　　1982 年「學成歸國」時，已是且正值壯年。有感於神經科學的神速發展，已自立爲一門學問，而國內與神經科學有關的研究教學單位，仍分散在不同的院系裏。於是向一位前輩建議，在台大成立一個「神經科學中心」之類的組織。前輩認爲大環境沒有條件支持成立這類中心，若無額外資源，成立了也沒有實質的好處。此議遂寢。

　　一睡就睡了十年。於 1993 年初，台大在提倡通識教育。心想，「中心」的大遊戲玩不成，開一門涵蓋神經科學各領域的課過過癮也不錯，乃與梁庚長、黃榮村兩位教授提出開課的構想，獲得積極的回應。由於沒有一位學問大到可以單獨開課，於是開始物色合教的人選。這些人選一經接觸，都欣然答應，踴躍參與，一拍即合成死黨至今。這些人就是本書的「諸位作者」。很遺憾的，黃榮村教授因公務繁忙，無法參與此書的撰寫。

　　經過幾番推敲，「心與腦」的課名拍板定案；授課內容在涵蓋不同學門的大原則下，配合各人的專長安排妥當，隨即於 1993 年春天正式開課。至今未曾間斷。

　　「身心問題」自古以來就哲學家爭論不已的課題。「公

說公有理，婆說婆有理」的局面到了科學萌芽與發達之後，唯物論的立場才逐漸佔上風。不過，即使到了 1938 年，行爲學派的大師 Skinner 仍然宣稱神經科學的知識不但無法解決「心」的問題，甚至連行爲也無法解釋。不過，最近二、三十年來，神經科學進步神速，已非吳下阿蒙。廿世紀是向外太空探密的世紀，廿一世紀將是向內心世界探密的世紀。國內於此時出版本書，或許已嫌慢半拍，不過，總比繼續缺席要好得多。

　　本書首先介紹大腦病變與「心靈」的關係，除了病例有趣之外，更希望讀者能領略「心」是很有可能用「腦」來詮釋的。興趣被勾引出來之後，就請接著嘗試大致了解「身心問題」到底有多少不同的立場；並且藉著介紹神經科學史，讓你知道，要用神經語言來解釋心靈現象，路途多坎坷，但進展明確。

　　接著就是介紹現代的神經科學基本知識。「基本知識」難免會較「枯燥」，不過，若能將前述之神經科學史中所提到的問題銘記在心，就較能欣賞近幾十年來神經科學家的研究成果是多麼的可貴。而且，具備了基本知識之後，也才能較貼實的領略隨後幾個章節的內容。

　　隨後的幾個章節，從簡單到複雜，依序介紹感覺、運動、反射、本能行爲、及學習記憶這種心智能力。除了企圖用神經語言來解釋這些現象之外，並請讀者理解，人是演化的動

物，神經系統是用來解決「生存問題」用的，不是百分之百的完美。

最後，介紹從人工智慧與認知科學的角度來探索身心問題。譬如說，電腦是否有可能有智慧？實際上已達到那種程度的智慧？理論上可達到那種智慧？

由上可知，本書的內容涵蓋了哲學、解剖學、生理學、心理學、人工智慧、認知科學、以及科學史，應該已符合「通識」的要求。不過，由於是由不同的人撰寫不同的章節，這種先天結構，難以避免會在「聯貫性」上出現瑕疵（甚或弊病）。如果這種毛病很大，責任自然在我這個「主編」身上。我的阿Q式期望是，我們（作者群）這一代接受「專科」教育太深，因此「博」得不夠（雖然我們都是「博士」），無法「一（人）以貫之」；希望讀者在閱完本書之後，至少知道這些不同的學問其實是可以湊在一起的；以後在吸收相關知識時，自行多做融會貫通的努力；如此，「下一代」就有希望出現具有「一家之言」的人物。我們企盼這種人物早日出現。

本書之得以出版，首先自然要感謝諸位作者毫不計較的奉獻與努力。其次要感謝幾年來修課的學生，每年都有50到100位的學生修課，而且不乏文法商的學生，給我們很大的鼓勵；尤其一些學生義務幫我們將上課錄音謄成講稿，對我們撰稿幫助極大。在首次開課時，科學月刊社大力支持，幫

忙找出曾刊於科學月刊的相關文章複印供我們參考，讓我們
能夠輕鬆上路；除了感謝之外，還抱歉我們沒有將講義寫成
可在月刊上發表的文章當回饋。台大張則周教授主持台大通
識課程中生命科學部分的規畫，一直對「心與腦」給予肯定
與支持，增強我們的信心。心理出版社許麗玉小姐的積極慫
恿，才使拖拉成性的我將早該出書的事列為今年優先辦理的
事項，使四年前的夢終於實現。這些點滴，銘謝在心（在
腦！）。

　　為了要趕印成教科書，很多地方都「能省則省」，如索
引與詳細的引用文獻等等「標準好書」該有的東西，在此次
出版時都付諸厥如，只好待修版時再改進。書中若有錯誤或
「掛一漏萬」之處，尤其是我自己所寫的那兩章，尚請方家
不吝指正。

涂嘉宏

1997 年 9 月
於台大心理系

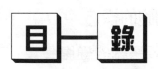

從腦傷看心靈的運作

❧梁庚辰❧

第一節　古老的例子

　　現在讓我們來看看有些什麼最普通的證據，不需要用很深入的推理或很複雜的儀器，就可以幫助我們了解神經系統或腦和行為或心智活動之間的關係。一個簡單但卻令人印象深刻的例子，就是當腦子因為疾病（腫瘤、中風、退化）或是受傷（車禍與撞擊）被破壞以後，行為及心智活動會產生極為明顯的變化。這種變化往往令受害者的家屬刻骨銘心。

　　雖然早在古埃及的文字中便曾記載著頭骨上有一個窟窿的人說話不清楚，但一直到希臘羅馬時代的一些醫生才開始認真提出心智活動和神經系統有關的想法。以 Hippocrates 為主的這些人認為這個身體裏面有四種液體，主宰有機體的活動以及知、情、意的變化：血液、黏液、黃膽汁、黑膽汁。這四種液體的平衡狀態不僅決定一個人肉體上的健康與否，而且很多心理活動，也同樣受這些體液的影響。他們認為某一種液體如果太多，那這個人的性格或是脾氣會有某一種特殊的傾向出現。譬如說黏液太多的話，這個人很可能對事情都滿不在乎，一副樂天安命的樣子。如果說這個人的血液太多的話可能過度衝動。如果黃膽汁太多的話，這個人很可能就有歇斯底里症（hysteria），整天疑神疑鬼，覺得自己有病。

今天我們回顧這個理論的價值，並不在於它是否符合真實，而在於它代表一個思考上的重要里程。Hippocrates 這些人明顯地已經開始把心智活動歸之於一些肉體上的因素。然而他並沒有歸諸腦，而是歸到身體裏面一些液體的平衡。事實上這個體液決定個性的想法便是現代西方人格理論的濫觴。

　　真正用實驗證據顯出心智活動與腦有密切關係的，是羅馬時代的一個醫生 Galen。羅馬皇帝賦予 Galen 特權得到競技場裏所有受傷的鬥士，Galen 可以治好他們並且拿來觀察研究。雖然前一個目標並不是經常可以辦到，但後一個目標卻是任何有心科學家最珍貴的機會。這些受傷的鬥士，有時腦殼被打破，露出來裏面的組織（大腦皮質）。Galen 注意到，如果碰觸這組織的某些地方，會引發出明顯的行為變化。有時候，傷者在碰觸時會說：「咦？我剛才覺得很痛的，現在不痛了。」有時候，這個人一直在呻吟，但 Galen 把手伸進去按住某塊腦的組織，這個人就噤若寒蟬。Galen 因此懷疑，這個裸露出來的組織──腦──很可能和這些人的行為與感覺甚至心智能力有關係。這與當時另一個流行的看法「心臟是一切智慧活動的基礎」大相逕庭，而後者是由 Aristotle 所提出來的。

　　針對他的懷疑，Galen 做了一個實驗來解決。他認為語言是一個高級的心智活動，這個我想沒有人會反對。他以發出聲音作為語言的一個重要的因素，然後研究豬是如何發出聲

音的，這或許就讓許多人不以為然了。Galen發現通往豬隻喉嚨的兩條白色纖維索在控制豬的嚎叫上非常重要。切斷了它們，豬便叫不出聲音了。Galen進一步追蹤這兩條細索（今天我們稱之為神經）的走向，發現他們進入腦中而不是心臟。我們暫且抑制住內心對於「以豬嚎為語言」這一荒謬假定的嘲笑，去體會 Galen 那種實事求是的驗證精神。數百年後藝術家達文西也運用相同的策略證實了視覺的訊息是傳到腦中的實體而非空腔，大大的動搖了近千年以體液作為傳導訊息媒介的想法，導正了爾後幾百年的神經系統的研究。Galen的實驗內容與推理以今天的眼光看誠然幼稚，但其策略依然是值得師法的。

　　這些觀察，都使得當時某些人認為我們可以把知情意的心智活動歸因於我們的肉體。雖然大多數人仍相信行為是由另外的一個看不見、摸不著，非肉體的靈魂來主宰。這些觀點，從希臘羅馬時代，經過了黑暗時期，到了文藝復興，並沒有什麼太大的變化與突破。一直到文藝復興以後，心智與腦之間關係的研究才又重新開始蓬勃發展。由於引進阿拉伯世界裏的一些醫學知識，大家開始做解剖及其他生物研究。十七世紀以後，這些研究產生了很多新的發現，對於腦的組織有更深入的了解，使人們比較有信心認為行為或心智活動的確和腦有密切關係。其中最明顯的例子便是來自對於語言的研究。

第二節　腦與語言

　　大概在 1840 年前後，一個德國醫生 Dax 發現一個病人，他的智力及其他表現都很正常，唯有講話講不清楚。他一個明顯的癥狀是吐字非常的吃力，常常說出一個字要花很多的時間，類似嚴重口吃的現象。但是如果耐心的聽完他講一句話，通常可以了解他所表達的意思。也就是說，他清楚自己心裏面有一個想法，但無法用話語很流利地一個字一個字告訴你，不像我們想到什麼事便可幾乎不費力氣的把它講出來。他的意思一直在腦裏面要出來，但卻找不到一個適當的字，或是找到了一個適當的字卻沒辦法發出適當的音。這當然是一件令人懊惱的事，任何與洋人交談的人都或多或少地體驗過這種困境。後來這個病人死後，Dax 發現在他的左半腦球中有一塊地方壞掉了。Dax 因而懷疑這個地方和語言有非常密切的關係。他在一個地區性的學會組織提出這樣的報告，並指出「我目前發現另一個人也有同樣的癥狀，如果將來能得到他的腦，我預期會在相同的地方發現損壞。若情形證實並非如此，我願撤回這個報告並向大家道歉。」由於這是一個小鎮醫生一生中唯一的一次報告，因此並沒有引起太大的注意。雖然 Dax 未能及身得享令譽，但是他的報告留下

了紀錄，讓後世的人知道這件事情。

　　Dax的結果為一個法國醫生Broca知道了，他手上剛好也有個類似這樣的病人，這病人的渾名叫做「Tan」（因為他一開始講話就一直tan...tan個不停）。他和Dax所描述的病人完全一樣，有吐字上的困難，要非常吃力才能表達出意思。此外，當他表達完一個意思後，我們去分析他的話，會發現他講話中省略掉很多在傳達意義上比較不重要的字眼。例如說「A book is on the table」時可能會省略掉「A」「on」「the」這些字眼。Tan 把冠詞、介系詞、連接詞統統省略掉，這些沒有實質內容的字，叫功能字（function words）。他只講重要的字，即有實質內容的字（content words），如「書」。這個人只說「book table」。若是「There is a book on the desk.」就只說「book desk」。這種功能字都省略掉，只剩內容字的語句，有如打電報一樣，叫做電報語言（telegraphic speech）。Broca 注意到這種現象，在 1861 年於林奈學會提出這個病例報告，他相信 Tan 和先前所描述的病人一樣，也在左腦 Dax 所描述的那塊地方有所損害。

　　當時科學不比現在，懷疑活人腦裏面某處受損無法馬上證實。在那個時代所有的神經科醫生如果發現一個非常有趣的病例，在行為上有很多特殊的特徵，唯一所能做的就是搓著雙手，踱著方步，等這個病人死掉。Broca或許就是如此。後來，他有幸得到 Tan 的腦，果然是在左腦如 Dax 所描述的

地方壞掉了。Tan 之後，Broca 又一共拿到了十九個病例。在
這二十個病例，有 95% 壞掉的區域都在左腦半球皮質前葉的
地方。因此 Broca 認爲這個地方和語言的產生（speech produc-
tion）有非常密切的關係。它所負責的是發出語言。因爲 Broca
累積了二十個病例，這種形式的語言失常以後便名之爲 Broca
失語症（Broca aphasia），而此一相關之皮質區域則名之爲
Broca 區。

　　Broca 發現了語言功能與大腦皮層的某一個區域有關，但
卻沒有對腦是如何執行語言功能提出一個完整的解釋。二十
年後，一個德國醫生 Wernicke 發現另外一個失語症的病例，
症狀和 Broca 描述的情況完全不同。Broca 失語症患者在語句
的產生上有障礙，但在語言理解上沒有明顯的問題。他可以
接受別人的命令，聽得懂也了解別人的話，如果叫他跟著你
一個字一個字唸，雖然他發音很困難，唸得很慢，不見得能
跟上你的速度，但是他最後可以完全無誤地唸完。Wernicke
所發現的失語症患者說話非常流利，可以滔滔不絕地一直講
下去。但是他的理解非常差，聽不懂你的話。命令他做什麼
事情他沒法遵循，更不能複誦你的話。尤其糟的是，他毫無
自知之明，常滔滔不絕地講，但講出來的話卻是一堆不相干
的字串在一起。這一種語言失常，叫 Wernicke 失語症（Wernicke
aphasia）。Wernicke 也得到機會，解剖這個人的腦，結果發
現壞掉的地方和 Broca 區不一樣，是在大腦皮層較後方的區

域，靠近顳葉（temporal lobe）與頂葉（parietal lobe）交界的地方。所以 Wernicke 所發現的皮質區域，是和理解語言有關係的。

　　Wernicke 比 Broca 更進一步的是，他不僅描述現象，更企圖把前人和自己的發現整合起來。就當時的情況而言，腦中有兩個和語言有關的區域：Wernicke 區和語言的理解有關；Broca 區和語言的產生有關。因此 Wernicke 提出如下的模型：我們所聽到的聲音話語，先傳送到聽覺區，然經過 Wernicke 區，把聲碼轉變成我們所了解的意思，再送到腦的其他地方成為心智的運作的材料。如果我們聽到一個問題後要加以要回答，腦想出答案後，把答案的送到 Wernicke 區去。在 Wernicke 區中意思碼再度轉變回聲音碼，聲碼透過聯絡神經送到 Broca 區。Broca 區接到聲碼後，便安排喉嚨、聲帶去發聲。所以當 Broca 區壞掉，雖然發不出適當的聲音來，但可以了解別人的意思也可以聽懂別人的話，因為 Wernicke 區沒有問題。相反的，如果 Broca 區是好的，而 Wernicke 區壞掉，就無法聽懂別人的話，並且雖然可以流利地發聲，所言卻毫無內容。

　　Wernicke 根據這個模型預期，若是腦中從 Wernicke 區到 Broca 區的聯絡神經被切斷了，這個病人可以聽得懂別人的話（不像 Wernicke 區受傷的病人），也可以流利地吐字發聲（不像 Broca 區受損的病人），但卻無法和別人作一問一答的對話。因為雖然他聽得懂話，意思了解後也知道怎麼回答

了，但是這個回答的聲音碼無法送到 Broca 區，因為其間的
聯絡壞掉了。所以，他可以講流利的說話，也可以聽得懂，
但是他沒有辦法和人聊天，同時他也無法複誦別人的語言。
Wernicke 是在十九世紀末提出上述的揣測。如果這不是一個
心智現象而是物理、化學，或甚至生物現象，或許不難立即
判別其真偽。但這是一個複雜的行為現象，而且只有人才有
語言。總不能真的把活人的頭蓋骨打開切斷他的 Broca 區與
Wernicke 區的神經通路。碰到這種情形，心理學家和神經科
醫生也只能踩著方步。這個方步踩了一百年。Wernicke 做了
這樣的預測，但終其一生沒有看到一個這樣的病人。

　　科學理論的長處之一便在於知所未知、見所未見的預測
能力。1965-1967 年，哈佛大學的 Norman Geschwind 終於發現
這樣的病人，其連接 Broca 區與 Wernicke 區的箭鏃神經束（ar-
cuate fasciculus）受損，產生了和當初 Wernicke 所描述完全一
樣的癥狀。Geschwind 把這種失語症叫傳導型（conduction apha-
sia），傳遞訊息的神經被切斷，所以無法說出正常的語言。
把心智活動歸之於神經系統，不單有助於描述已知的現象，
像 Broca 和 Wernicke 一樣，而且有助於形成一套理論來預測
將來可能產生的現象。Wernicke 也提出聲碼送到 Wernicke 區
來解碼，變成意思。如果聽覺區到 Wernicke 區的聯絡斷了，
這個人就無法聽懂別人的話了。但是他依然能看得懂字。他
可以閱讀，卻不能聽講。這樣的病人的確存在。也有些人無

法閱讀，卻可以聽講，這是因爲視覺區域到 Wernicke 區的通路壞掉了。所有視覺訊息（語言文字）會先到 angular gyrus 再到 Wernicke 區。angular gyrus 壞了，會出現一些讀書、寫字的問題。這種毛病叫做 alexia（失讀症），或 agraphia（失寫症）。

　　與語言有關的區域多在大腦左半球。事實上在埃及時代，紙草板上的楔形文字曾留下這樣的紀錄，有人顱骨左邊破了一個洞之後，他的說話的能力出現了很大的問題。Broca 和 Wernicke，從統計相關證據指出，左半球可能和語言有比較密切關係。加州理工學院的 Sperry 真正用實驗證實這想法。Sperry 是 1978 年諾貝爾獎得主，他在 1994 年去世。在加州的 Pasadina 有一位 Bogen 的醫生，把聯絡左右兩半球的胼胝體（corpus callosum）切斷，以治療嚴重的癲癇。癲癇是因腦中有某些神經組織，會產生異常劇烈的神經活動，這些異常的神經活動可以從神經通路傳到腦中其他地方去。透過胼胝體，一側不正常的活動會影響到另一側對稱的地方，終至整個腦均會同步產生異常而劇烈的放電活動。Bogen 嘗試的解決方法是把胼胝體切斷，讓這個不正常的活動只侷限在一個區域。手術後，Bogen 找一些心理學家來，做了很多心理測驗，探討這樣的神經手術是否會影響心智的運作。因爲如果治好癲癇卻換來心智失常，並不值得。Bogen 很幸運，請到一個本身已準備要研究這樣問題的心理學家。在科學的研究

中把相同的資料給不同的人看，其中一個人曾思考過這個問題，另一個人不曾，往往會發現同樣的資料在不同人眼中出現不同的意義。一個有準備的心靈能指出其中特別重要的意義。而一個沒有準備的心靈，卻什麼都看不出來。

　　Sperry 早在接觸這些病例之前（1940 年代），他就很注意訊息在兩個腦半球的傳遞。為什麼腦會有兩個半球，而且對稱的地方多半又剛好有連結？如果我們把連結切斷會怎麼樣？Sperry 曾做過實驗，把左腦半球用藥物壓抑住，讓右腦半球從事去學習。學會了以後，把學習的那一邊（右）再用藥物壓抑住，把原來沒有學的那一邊（左）的抑制除去。Sperry 問一個很有趣的問題：當初在右邊學到的知識會不會自動傳到左邊來？研究的結果是會，只要胼胝體沒有斷掉。從這些實驗的結果，Sperry 知道胼胝體在溝通兩個半球上十分重要。對這些 Bogen 所提供左右兩個大腦半球被切斷的人，Sperry 如獲至寶。

　　Sperry 實驗程序大致是這樣的：在一位胼胝體被切斷的病人面前放一個螢幕，要他注視著螢幕的中心點。然後用幻燈機在螢幕的左邊或右邊投射出物體或文字，而且出現的時間很短。這樣的安排可以使得出現在螢幕上的刺激只被病人的左腦或右腦皮質所覺知，而讓另外半邊的腦完全不知曉出現了什麼。實驗的結果發現，主要的語言功能確實在腦的左邊。當刺激被左腦皮質所接收時，病人可以說出物體的名稱

或讀出該字句。但若刺激被右腦皮質所接收時，則病人啞然
無所反應，是否右腦覺知的能力不如左腦呢？不然，病人雖
然說不出存在於右腦的刺激影像，卻可用左手選出所見的物
體（右腦是控制左手的）。右腦半球是否是一個靜默的半球
呢？全然不是。左腦半球有良好的語言、邏輯推理與數字演
算能力，它擅長分析式的思維運作，並對時間向度上快速的
變化敏感（語言即是如此的刺激）。右腦半球雖然在語言能
力上較弱，但對空間判斷卻很敏銳，同時對情緒性的刺激也
較能領略，它甚至在判別語氣聲調的情緒涵意上扮演重要的
角色。它較擅長的是統合性的思考。如果左右半腦的功能上
有所不同，那麼是否其結構也有所差異。1965 年，哈佛大學
教授 Geshwind 發現，左右腦皮層的確是有結構上的差異。由
外觀上可看出左右腦半球的溝紋傾斜程度不一樣。這個溝級
傾斜的差異導致其內部 planum temporale 的大小不一樣，而這
個區域，正是 Wernicke 區之所在。

第三節　腦與記憶

　　癲癇病人的研究提供了很多腦和心智活動間的關係。
Henry M.患有嚴重的癲癇，發作頻繁，用藥物也無法作適當
的控制，醫生於是決定開刀將他腦中產生不正常活動的區域

切除。他們把顳葉的內側切掉，切掉的組織有海馬（hippoc-
ampus）、杏仁核（amygdala）及附近的一些腦組織。手術
後，H.M.回家休養。從此他的癲癇就很少大發作了。醫生在
手術後很擔心切除一部分的腦組織對H.M.的行為能力、心智
活動有影響，於是作了許多智力與性格測驗，結果似乎正
常。但是過了一陣子，H.M.意識到他有了問題——他無法學
習新的事情。如：看文章的第二段時會忘了第一段在講什
麼；唱歌時只唱第一句，卻不能接到第二句；手術後搬了新
家，他卻沒有辦法記住新住址。他沒有辦法維持長久的記
憶。這時大家才意識到情況不妙。

　　經過認真地研究H.M.的學習、記憶能力後發現：H.M.不
但開刀以後的事不能記住，並且過去前五、六年的記憶也較
常人差。前者稱之為前向失憶症（anterograde amnesia），後
者稱之為逆溯失憶症（retrograde amnesia）。對於手術前和手
術後發生的事都會有影響，這表示切除掉的地方涉及到記憶
運作中一個長久的變化過程，這個過程可能持續三、五年，
在這三、五年中間，記憶慢慢地變得比較穩定，穩定後就可
以不受到切除掉這個地方的影響。譬如說在 1945 年的事情H.
M.就記得和正常人差不多（手術是在 1953 年）。如果 H.M.
所有的記憶都存放在切掉的地方（顳葉的內側），那我們可
預期他會變成一個沒有記憶、沒有過去的人。但是事實並不
是如此，從前的事只有一部分忘記，而且越接近手術的事件

忘得越多，再久一點的事就跟正常人一樣。這表示記憶在時間的向度上會有一個變化，那變化會使得記憶的年代越久遠，它受到外界干擾或受到神經組織損傷的干擾程度越少。根據這個想法，就有了記憶穩固假說（memory consolidation hypothesis）的提出。

　　藉由H.M.的失憶症，我們知道兩件事。①顳葉內側的海馬和杏仁核跟記憶有非常密切的關係；②隨著時間的過往，記憶抵抗外來干擾的能力會有變化。事實上光靠H.M.這個例子，並不足夠支持記憶穩固假說。它的成立，還存在著其他的證據。1949 年的時候有一個精神科醫師叫Ralph Gerald（他也是發明玻璃電極的人），他注意到有些因車禍傷及腦部的病人在轉醒後，問他車子怎麼撞你的？車牌號碼幾號？病人多半回答不出。Gerald 發現這些人的記憶都有一段空白，而空白發生在非常接近意外的時間。撞擊的力量彷彿對腦產生了影響，抹掉了和撞擊發生的時間相近的經驗，但更久遠的經驗卻抹不掉。於是 Gerald 進行了一個實驗，他訓練白鼠跑迷津。跑完後，他在不同時間施以頭部電擊。電擊與訓練相距的時間有二十秒、四十秒、八十秒、四分鐘、十五分鐘、一小時、四小時、十四小時的不同組別，和不施電擊控制組。他觀察這些老鼠要經過多少次學習才學會正確的跑完迷津。結果發現在訓練電擊的時間愈拖延，牠的記憶會愈好（愈容易學會），到了十四小時那一組已和控制組幾無差異。

換言之，用電流干擾腦部活動，學習嘗試與施予干擾的時距愈短，所產生的效果愈大。如果學完後空一段時間不去干擾，那麼到了十四小時後再去干擾也沒有影響。以後很多實驗證實了同樣的現象。

開始的時候，醫生們認為H.M.是全面性的失憶症（global amnesia）：什麼東西都沒辦法記住也沒有辦法學所有新的事件。但是後來發現並非如此。他們發現H.M.至少還記得一些東西，例如他會開車，手術後並沒有忘掉。於是再測其他什麼東西是可以記住的。結果發現凡是牽涉到程序運作（procedure）的知識，他可以記得住。例如：學騎腳車（學會後知道怎麼上去、維持平衡、不摔下來……，載人時會依別人體重調整姿勢）；鏡描（透過鏡中的逆像描繪一些簡單圖形）。甚至有些心智運作，也保留下來了。如一些有固定公式的遊戲，唸出鏡像中顛倒的字，H.M.可以和正常人一樣經過學習而漸漸有進步。唯一的不同是正常人可以記得唸過字的內容而 H.M.卻一無所知。於是他們認為 H.M.並不是全面性的失憶，而只忘了要說出內容的東西，如果可以不說內容，他可顯出有記憶的跡象。換言之H.M.的宣敘性記憶（declarative memory）壞掉了，程序性記憶（procedure memory）還是好的。

從H.M.的腦傷，可以發現memory不是只有單一的形式，而是分成很多不同的形式。神經系統不同的地方壞掉的話，

可能會影響到不同形式的記憶。另外還有事實証明，只要不問H.M.內容，有許多間接的方式可以證明，那記憶的痕跡是存在的。在心理學上有一個「觸發／啓動效應」（priming）的現象，先讓你看一系列的字，看的時候並不要求要記憶哪些字，如果其中有一個字是 procedure，稍後出現 pro＿＿＿，叫你在空格上填字。一般人都會填出procedure這個字。也就是說剛剛這個字被啓動過，還在腦海中運作，當被問時，最容易想到的就是 procedure。H.M.仍有正常人的觸發效應。

　　神經系統和記憶的關係不僅有限於H.M.的例子。有如酒精成癮者也會有失憶症的現象。酒因為有很多熱量，喝酒會使人不想吃其他食物，而造成 Vitamin B_1 缺乏，慢慢地神經系統會產生病變。這病變最初會使人胡言亂語，最後會有非常嚴重的失憶症。這是由俄國的醫學研究者 Korsakoff 所發現，所以稱之為「Korsakoff syndrome」。研究顯示 Korsakoff syndrome的病人通常在視丘（thalamus）的中間出現神經細胞的壞死。這個地方細胞的壞死和Korsakoff syndrome有密切的關係。如何知道該處和記憶有關，缺乏 Vitanim B_1 會影響很多地方，何以唯獨視丘中部這個地方和記憶有關係？

　　大家起先對 Korsakoff syndrome 的失憶症和視丘中間的壞死之關聯，抱著懷疑的態度。後來有一個西洋劍運動員 N. A.，在比賽練習時，被人用劍從他的鼻孔刺入，穿進腦裡。從此他產生嚴重的失憶症，而其癥狀和Korsakoff syndrome的

病人非常類似（雖然 N.A. 其他心智的功能大略正常）。Korsakoff syndrome 的病人和 H.M. 有一個不一樣的地方，他們過去忘掉的事要比 H.M. 久遠，大約過去十年的東西都會忘記。大家就很有興趣知道 N.A. 是那裡造成了這麼大的損傷。1970 年代已有腦部斷層掃描的儀器，神經科醫生及心理學家不需要再踱方步；藉儀器之助，發現 N.A. 壞掉的地方就是視丘中部靠左側的區域。

　　另外一個例子是老年痴呆症（Alzheimer's disease）。這是個神經系統退化的疾病，它最明顯的癥狀是記憶出現問題，開始的時候是生活上細節的東西他沒有辦法記住，做了一件事，忘了，又重複一次。慢慢地，比較久遠的事也開始忘掉，並開始出現前向失憶症，沒有辦法學新的東西。最後會有非常嚴重的逆溯失憶症，忘掉從前年輕時候的事。此外，他認知的能力——推理、理解——都慢慢地退化。Alzheimer's disease 病人死後解剖他的腦，發現其大腦皮質有嚴重的萎縮現象，腦溝很寬，組織很薄。含有乙醯膽鹼（acetylcholine，腦內的一種神經傳導素）的神經細胞要比正常的老年人少非常多。同時，腦中可釋放乙醯膽鹼的神經末稍也有很多病變及退化的現象。於是科學家拿老鼠或猴子作實驗，破壞其乙醯膽鹼的神經，結果發現確會產生記憶的毛病，但如果給這些動物乙醯膽鹼，則牠們受損的記憶會好轉。因此認為乙醯膽鹼很可能是造成老年痴呆症記憶損壞許多原因中的一個。

可能有其他的原因，因爲如果在病人身上使用可以增加乙醯膽鹼作用的藥物，所得到的療效十分不一致。有的報告說有改善的效果，有的說沒有改善的效果。所以造成 Alzheimer's 病人失憶的真正原因現在還繼續研究中。

第四節 ∥ 腦與知覺

　　如果老師用藍色的粉筆在墨綠色的黑板上寫字，學生一定抱怨看不清楚。爲什麼？因爲網膜上有三種不同的細胞可以接受三種不同的光（紅／綠／藍），這三種錐狀細胞中，最多的是紅色，其次是綠色，藍色是稀稀落落的。而且接收藍色波長的細胞，在我們最能產生清楚視覺的網膜中央區完全沒有。因此當用藍色粉筆在黑板上寫字的話，它能刺激到網膜上椎狀細胞的機會不大，因而不易看得清楚。一個人的網膜如果完全正常，但看不到顏色，那我們就知道他腦中有些地方壞掉了，這種現象叫做 achromatopia。但是這和色盲不同，色盲是視網膜上面出問題。網膜上錐狀細胞會對不同顏色的光做反應。腦皮質辨色部分損壞和全色盲間的差異在哪裡呢？你可以把一束很細的光打在網膜上面，觀測其反射光光譜。若網膜上的神經細胞正常，有某些顏色的光會被吸收掉，反射光光譜會少了某些波長。如果是全色盲，則反射光

中每一個波長的光都還存在。因為皮質損壞而產生的變色力
異常的人其網膜的反射光譜與常人並無差異。

　　還有一些人看不到三度空間。我們所處的世界是三度空
間，而網膜是平面的，映到網膜上的影像也是平面的，必須
在腦中進行運算與轉換，才能形成三度空間影像。有些人缺
乏對三度空間敏感的細胞，在判別三度空間時就會出現問題。

　　Weiskrantz注意到一種病人，他後腦勺的視覺區壞掉了，
因而看不到東西。放一個球在他面前，他不會告訴你這是一
個圓形的球；問他是什麼顏色，他也說不知道。但奇怪的
是，當你把球往這個人身上一丟，這傢伙居然手一伸就抓住
了，或者抓不住躲開了。很明顯他知道有東西向他飛過來，
並且也知道這東西的行進路徑如何。Weiskrantz在病人的眼前
晃動一個火光。通常注意看眼前的刺激時，你的眼球跟著刺
激移動。結果 Weiskrantz 看到病人的眼睛也跟著火光動，雖
然他說沒有看到火光。Weiskrantz叫他猜測，東西大概在什麼
地方，結果他多半都猜對。很明顯的，這個人看不到物體的
形狀和顏色，但是他可以察覺它的運動、位置，這表示我們
神經系統在處理視覺物體的時候，它的顏色、形狀、運動、
還有其他特性，這些通路很可能是分開的。你的顏色和形狀
的通路若是壞掉，那你就不知道這個東西存在。雖然你看不
到形狀、顏色，但是你還能覺知它的位置。若中樞的顏色通
路損毀時，你可能會看到這個東西的形狀、位置，但是它沒

有顏色，是灰濛濛的一片（即acromotopsia）。由這些可以知道，腦裡面某些地方壞掉，它所產生行為上的缺陷讓我們可以推知這些外界的訊息在腦裡面是怎樣被處理的。

　　有時候，東西的顏色、形狀、大小都看到了，但卻無法認出它來，這種現象叫失認（agnosia）。一個明顯、有趣的例子是有一種失認症叫 prosopagnosia。在腦的顳葉某一區域若壞掉，這個人就無法辨認人臉，他認不出他的媽媽、太太、親人，甚至把鏡子放在他面前問他說這是誰，他說不知道。但是他可以看到鼻子、眼睛、嘴巴的位置，他可以認識裡面的每一個部分或元素，但組合成一個東西他就不能認出來。這裡面牽涉到的問題非常複雜，除了他對整個組合的特殊形狀辨認以外，還牽涉到和過去知識間的連繫。開始只認為患者有辨認人臉的問題，但是後來有一個科學家叫Damasio，他發現人臉失認的病不僅在辨認人臉上有問題，在辨認很多東西上都有問題。這個人如果給他車子，問他說這是什麼，他會說是車子，顯示他對於一個一般性的類別可以辨認。接著再問他這車子是 New Sentra、Accord、Camry 還是 March，他就沒有辦法告訴你。對於在同一類別（category）內的特例他沒有辦法辨認。問他這是什麼？他會說這是一張臉。什麼臉？人臉。但是他無法告訴你他是誰；他可以認出車子，但他認不出是哪一種車子；他可以認出這是樂器，但不能分辨是小提琴還是吉他。這涉及到知識在腦內的組織，可能有一

個階層式的結構。這些病人在執簡馭繁的過程中，進行到了某一個階段就沒有辦法再運作下去。

　　前面的病例有些是看不到，有些是看到了指不出是什麼東西。現在再來看一種病人是得見、也知道是什麼東西，但是在進行運作時根本忽視它的存在，這叫做忽視症（neglect）。通常是右腦頂葉壞掉便容易產生這個現象。例如畫一條線，他可以正確指出兩個端點，但是在指出中點時，左邊被忽略了，以致於中點指到右半線段的中間，即離線段右邊端點四分之一的地方。這些人穿衣服、刮鬍子只刮一邊，通常身體的另外半邊完全不顧，走路的時候往往左邊有障礙的話他不知道要怎樣繞過去。如果你叫這些人畫一個鐘，他只會畫右半邊。我們也可以看到這些人對於外界空間的觀念出了問題。問題在於有一部分刺激完全被忽視掉。這種現象是著名的心理學家 Freud 首先注意到的。

第五節　腦與情緒

　　最後我們來談有關情緒跟腦之間的關係。在關於情緒和感情方面的問題，我們要談的第一件事就是腦半球在情緒的辨認、表達上有所不同的功能。一般來講，左腦語言的功能比較充分，右腦當然也有語言，但是右腦的語言功能不如左

腦那麼強。我們也知道右腦並不是只是放在那兒爲了對稱，它有一些其他的功能。其中一個功能，它對於情緒的表達和感受特別敏感。我們可以從兩件事情看出來，當你注意人的臉，他生氣的時候，如果他是左邊的臉對著你，你會覺得他特別生氣。所以如果有人罵你，你最好走到他的右邊，才不會受到太大的威脅。如果你站在他左邊的話，你會真的覺得他對你深惡痛絕。有一個科學家，他要人做出各種不同的表情，並拍下照片。然後利用技術把照片從中切開再重新組合，有一張是正常照片，一張是由兩個右半邊臉合成，一張是由兩個左半邊臉合成的，再給別人比比看這三張照片誰最生氣、或誰最傷心。結果發現每次在選最傷心或最快樂的時候都會選左臉合成的照片，而右半臉合成的通常都是情緒程度最低的。我們知道左半邊的肌肉是右腦控制的，因此右半邊的腦可能跟情緒的反應有比較密切的關係。

　　腦傷病人對於自己腦壞了一塊，半身不遂或是某些肢體不能動，左腦受傷跟右腦受傷的在情緒感受上會有很大的差異。通常左腦受傷的人，他覺得很悲傷，會對自己的情況覺得很難過，會覺得天塌了，右手或右腳不能動了，而有「大難臨頭」之感（catastrophic reaction）。但如果是右腦受傷，這個人不會覺得太傷心，有「毫無所謂」的反應（indifferent reaction）。爲什麼？一個解釋是說，右腦是管情緒的，管情緒的地方受傷後，這個人就沒有情緒，不會覺得太好也不會

覺得太壞。當左腦受傷的話，右腦管情緒的部分還正常，看到自己癱掉半邊，當然會覺得很傷心。所以右腦正常的就會表現出 catastrophic reaction。這是大腦半球和情緒間的關係。最近有一個研究指出，當一個人回憶自己過去的經歷時，腦部功能顯影照相顯示右腦的某些區域，諸如杏仁核與海馬迴等，會有高度的活動產生。但在回憶一般性知識時卻不會有這個現象。很可能在腦海中留下深刻印象的，常常是具有情緒成分的經驗。至於書本上的知識卻缺乏這樣的情緒介入。

　　另外一個和情緒有關係的現象是 Kluver 和 Bucy 癥候群。大概在 1940 年代，在耶魯大學有兩位心理學家 Kluver 和 Bucy 把猴子的杏仁核（位於太陽穴內側的一個結構）整個拿掉，發現猴子的行為發生了很大的變化。第一個是猴子產生了心盲（psychic blindness）的現象。心盲就是對很多心理上有特殊意義的刺激不再有反應。猴子的社會是一個有非常嚴密階層的社會，通常在上面有一隻大猴子（α-monkey），下面按照順位有很多小猴子，大的可以欺負小的，小的卻不敢欺負大的。食物的資源通常是大的先得，其他的資源——譬如交配的權力——也是一樣。很多的母猴子是大猴子的後宮禁臠，別人休想染指。一般的猴子都會遵守規定，原因是大的猴子身強體壯，動他的東西，他就修理你。但是若把一隻小猴子的杏仁核拿掉後，這隻小猴子就變得不知天高地厚。牠開始犯上。牠會拿棍子或是拿東西去打大猴子，即使事後被修理

得遍體鱗傷，牠仍得不到教訓，下次依然故我。牠想要和α-monkey 妻妾進行交配的行為，通常在猴子的社會裡，這是犯很大忌諱的。同時牠對其他很多對牠有意義的東西，牠也不再覺得有意義。猴子一般怕蛇，看到繩子牠也怕，但切掉杏仁核後，對這些東西就不產生害怕的反應。還有，本來猴子知道什麼東西可以吃，一些東西不可以吃，牠就不會去碰。但拿掉杏仁核後牠開始什麼東西都往嘴巴裡面放，不再覺得這個東西對牠有特別意義。此外，牠的性行為會變得毫無選擇性，對很多東西都會做出性行為。本來猴子只會和可以交配的猴子去交配，但是在把杏仁核拿掉之後，對於不該交配的猴子，牠也想去和牠交配，甚至牠會對貓、會對狗、會對沒有生命的東西等等對象進行交配的行為。然則人會不會這樣？有一個病人因為癲癇拿掉了杏仁核的某一部分，拿掉後發現這個人往往會對同一個病房裡面的男性病人做出不正當的性姿勢，或是做一些有性的含義的挑逗。

　　Phineas Gage 曾經是一個思想慎密認真負責的築路工人領班，可是當一根被炸起的鐵棒穿過他的頭顱後，他變成了一個毫無責任感的人。這根鐵棒毀掉了他的前額葉內側。近百年後，Damasio 也找到如此的病例。當一個人的前額葉皮質內側及腹側因為某些原因被破壞之後，他對外界的褒貶毀譽變得不太在意。值得注意的是這些人在紙筆測驗上並沒有顯出智慧缺陷，然而其日常行為卻是完全失去了章法，讓人覺

得他們完全沒有理性思考的能力。Damasio 發現如果將其現
實生活中判斷錯誤的事情形諸筆墨，以紙筆問題的方式呈
現，前額葉毀損的病人可以做出正確的分析，得出與常人一
般的答案。但是他們永遠不會把這些推理的結果付諸行動。

　　這不由得讓人想起當初 Hebb 在 Penfield 的蒙特婁神經中
心對前額葉病人所做的一系列智力測驗研究，得出前額葉與
智力無關的結果。這似乎違反日常生活中的觀察。今天我們
知道問題出在紙筆測驗。前額葉內側損毀的病人是知而不
行。為什麼會知而不行？Damasio 認為他們缺乏情緒經驗所
提供的動力，過去的好壞、窮通、榮辱皆無法在其行動中順
利的被提取而產生影響效果。這個說法符合 Hume 一度有過
的主張『熱情化理性為行動』。在這個觀點下，情緒經驗的
長期表徵與認知運作同樣涉及前額葉皮質並不令人訝異，因
為二者保持密切關係對有機體的生存是有利的。

　　最後我們來看一個心理上的疾病。精神分裂症（schizo-
phrenia）是一個嚴重的精神疾病，產生精神分裂症的原因，
自古以來有很多不同的解釋：在中世紀的時候認為是魔鬼附
身等等，常殘忍地處理這些患者。精神分裂症有以下的症
狀，第一個，他會有非常奇怪的妄想（bizarre delusion），他
常常會覺得自己是某人的轉世，比如說拿破崙的轉世，或是
神假藉他來昭示、普渡眾生等等。他會有自尊自大的妄想
（grandeur），或者是他有被迫害的妄想（prosecution），覺

得 FBI 或 CIA 正在跟蹤他，要陷害他，或者是他覺得外界有東西要強行插入或抽取其思想。其次，這些人在情感上面通常顯得退縮，他沒有什麼情感，表現得木木然，一副離群索居的樣子。他沒有什麼明顯的喜怒哀樂。第三個，他會有幻覺（hallucination）。前面的妄想是思想上面的問題，幻覺是感覺與知覺上的問題。這些幻覺多半是聽覺上的幻覺，聽到有人對他說話，別人在竊竊私語地討論他的事情，或者聽到一個外太空來的聲音。最後，這些人的思想往往不合常理，思想意念間沒有什麼邏輯，講話的時候雖然每一句話單獨看都有意思，但幾每句話之間並沒有邏輯上的連貫性。他可以從一件事情忽然跳到另外一件事情，而這二件事完全不相干。還有一些精神分裂症的病人常常會有一些很奇怪的行為，就是他可以站定一個姿勢站很久，或者是蹲一個姿勢蹲很久，或者是把他的手舉高，他就一直保持這個姿勢，不會掉下來，可以保持非常久，這個現象叫做僵直（catalepsy）。

　　人們早先並不認為這些精神的疾病是肉體上的因素造成，不認為它跟腦有任何的關係。於是針對治療精神分裂症，我們發展出很多的心理治療方法，這些心理治療法對於某些精神分裂症的病人固然有某些的效果，但是精神分裂症似乎始終沒有被心理治療所控制住。一個統計指出，約從 1920 年代開始，發現住在醫院裡面的精神分裂症的病人數目一直增加，直到 1960 年代。但是在 1960 年代中期，住院病人有大

量降低的現象。原因是這時候醫院開使用一個新藥，叫做
chlopromazine。這個藥對好幾個症狀有效：①病人的妄想減
輕、消失；②病人的幻覺也消失；③他的思想變得比較協
調；④怪異動作也減少。

　　這些病人多多少少變成大致正常，表面上看不出來有任
何的怪異。他可以回家去，在藥物控制下從事生產工作，不
需要整天關在精神病院裡面。這表示說當我們用一個作用於
肉體或神經系統的藥物，可以使得精神分裂症很多的心理異
常現象消失於無形。這個藥物如何作用？這個藥物阻斷了神
經系統裡面一種神經傳導素多巴胺（dopamine）的效果。這
表示多巴胺的過度活動或是過多的多巴胺很可能是造成精神
分裂症某些症狀的一個重要因素。許多其他的証據支持這樣
的想法，其中一個最明顯的證據，就是有些物質可以大量地
釋放腦中多巴胺，當人們吃了它後，就會產生和精神分裂症
病人差不多的症狀。譬如說安非他命（amphetamine）就是一
個例子。長期或大量服食安非他命往往也會造成類似 精神分
裂症的症狀。一個簡單的化學分子進入腦內會在一個人的情
感、思考、感覺與行為動作去造成如此巨大的改變，使得我
們不能不正視心智運作與腦之間的關係，並且認真的去了解
腦運作的情況，這是我們在下面章節中所要討論的。

第六節　腦傷與意識

　　有關意識的探討是哲學與神經生物學領域一個方興未艾的課題。在這個課程裡，我們只挑一個小主題—自我感（self-awareness），並從腦傷造成的一種特殊之自我感障礙（anosognosia）管窺所謂「意識」在大腦裡的神經表徵。對一個正常人而言，具備對自我存在狀態的清明覺察是毫不費力的事；甚至大多數腦傷的病人一旦出現肢體、溝通或認知功能障礙時，亦同樣能清楚地覺察到障礙的出現與狀況，他們通常會清楚地描述，自己是在什麼樣的場合開始覺得自己的身體出現了不尋常的什麼變化等等，臨床上稱之為「病識感」（insight）。但有一類腦傷病人卻對身體功能的變化渾然不覺，否認自己有疾病的事實，此謂之病識茫然症（anosognosia）。早期曾有人以心理衝擊引發的一種自我防衛（self-defensive mechanism）來解釋這種症狀，現在我們知道完全不是這回事，因為這種症狀的出現呈現清楚的側化現象—右腦受傷左側肢體偏癱的病人產生病識茫然的比例，遠高於左腦受傷右側肢體偏癱的病人。更令人驚訝的是，在這些病人的耳中灌入溫水，造成前庭（vestibular）的刺激，往往能夠使其自身狀態的意識暫時回復。

　　從上面諸多的例證中，我們不難發現，肉體，尤其是神經系統上的破壞，會導致心智活動明顯的異常。這本書以後的章節，是探討腦與心二者之間的關係。

參考文獻

Damasio, A. R. (1994). *Descartes' error: Emotion, reason and the human brain.* New York: Avon Books.

Kolb, B. & Whishaw, I. Q. (1996). *Fundamentals of human neuropsychology*, (4th ed.) New York: Freeman.

Blakemore, C. (1976). *The mechanic mind*. London: Cambridge University Press.

Changeux, J.-P. (1985). *The neuronal man: The biology of mind.* New York: Oxford University Press.

身心問題初探與
神經科學簡史

徐嘉宏

　　身心問題原本是一個哲學問題，是屬於「宇宙的本質」下的一個議題。本章先簡單介紹早期哲學家的看法，接著介紹幾種不同的「身心問題」觀點，最後簡介與身心問題有關的神經科學研究史。

｜第一節｜　宇宙的本質

　　哲學剛開始時關心的是宇宙，是探討自然的一門學問。早期的哲學家關心的是宇宙本質的問題。對此問題的觀點，大致可分為唯心論與唯物論二種。一般說來，唯物論較容易被人接受，因為即使想用抽象的語彙去描述一件事件時，常常免不了要用與物質有關的用語。譬如說：「思路清晰」，用清晰來形容思想，而清晰是從水的特質引介過來的。所以，「思想」這種抽象的東西就與水這種物質聯上關係。

　　Thales 可能是第一位拋棄神學觀點，完全採取自然的觀點來討論宇宙本質這個問題。他認為「水」是萬物的本質。雖然他的說法相當粗糙，譬如說，他並沒說明，石頭的本質是水的話，水是如何變成石頭的？不過，他是第一個提出宇宙本質個問題的人，因此仍被認為是西方哲學的鼻祖。也是在宇宙本質這個問題上採唯物論的始祖。

　　Thales 沒處理諸如「水如何變成石頭」這種「轉變過程」

的問題，使得 Anaximander 懷疑水是萬物的本質，而認爲宇宙的本質是不定性的物質。雖然 Anaximander 也沒有提出好的解決方案，但他強調「本質變成萬物的過程」，使唯物論必須面對此問題。接續的 Anaximenes 就提出宇宙本質是「氣」的觀點，而且，氣經過稀化或凝聚的方式，形成萬物；氣體稀化之後變成火，火上昇就變成星辰；氣凝聚就成雲，雲變水，水變成泥土與石頭。如此，使唯物論初具理論的規模。

　　與唯物論相對的是唯心論。Parmenides 發覺到他所觀察到的世界是變動不拘的，不恆定的。既然如此，要藉外界的物質來建立知識體系的話，是很不可靠的。人的感官系統亦是不穩定與不可靠。所以，若欲建立可靠的知識體系，必須是經由理性處理過後的東西才算「存在」。

　　Parmenides 因此算是開啓了唯心論的先河。蘇格拉底承續這種想法，並加以發揚光大。他將 Parmenides 的「存在」定義爲觀念或概念（concept），認爲經過理性處理過之概念才是可靠的知識。既然外在的物質與我們感官所感知到之物質均不可靠，爭論「宇宙的本質是啥」就沒什麼意義。

第二節　心臟與大腦的爭議

　　早在西元前 1700 年以前，古埃及的外科軍醫就觀察到傷

兵的症狀。傷兵之一是頸椎斷了，此人之手足感覺全失，對陽具勃起、射精、及排尿均無知覺。若感覺或經驗的「意識狀態」是屬於心靈活動的話，當感覺或經驗無法傳到頭部時，就缺乏相對應之意識狀態。據此應可推論，大腦與心靈活動是密不可分的。但是，當時的埃及醫生、米索不達米亞人（今伊拉克）、希伯萊人、甚至詩人荷馬，依然「相信」心臟是心智與情慾之主宰。

　　與「心」有關的現象是由身體那一個部分來掌控？早期的人類就有不同的揣測。Democritus（406 －? 362 B.C.；希臘人）認爲思想、智能、及靈魂是由腦來運作，情緒則是在心臟運作，而慾望則由肝來掌控。柏拉圖（427? － 347 B.C.；希臘人）則認爲心靈（soul）有三種成份，按性質之優劣依序爲心智、情緒、及性慾；心智由腦管，情緒與性慾由脊髓管。而亞里斯多德卻認爲心臟爲感覺、情緒、及心智之所在。

　　柏拉圖其實是個舒舒服服坐在椅子上思考的哲學家，居然以推理的方式，猜對了大腦的重要性。且讓我們好好欣賞他的推理。首先，他認爲宇宙萬物是有高低之分的；人的各種特質中，與推理有關的心智，自然是人最尊貴的東西；最尊貴的東西當然要居於最高的位置，而腦位於人身之最高處，所以心智應位於腦。其次，理性是最完美的東西；幾何圖形中最完美的是圖形；人身器官中最接近圓形的構造是腦，所以，理性（或心智）應置於腦。最後，在柏拉圖的男

性沙文主義的想法裏，女人遠不如男人；而男女之別在於男人有精液，女人則無；精液的樣子類似腦泥，亦即腦之組成近似精液，所以腦是優異的東西，所以，像心智這種好東西應該放在腦這種好東西裏頭。「綜合上述」，心智應該位於腦！

　　而較具科學實徵精神的亞里斯多德，他知道血匯聚到心臟。不管是手痛或腳痛，「痛」只有一個，因此不同部位的痛應該是匯聚到一處；那個時代，身體內的東西只知血會流動，所以，痛的信息可能沿著血液位移至心臟，而在心臟產生痛的「感覺」。加上刺心會有痛的感覺、刺腦不會有痛的感覺。所以，產生「感覺」這種意識狀態之處應該在心臟。

　　當然，眾所週知的現象－心臟不跳了，人就死了，人一死，就沒有意識，不會思考；生氣的時候，或遇上心上人，心臟會加速地跳－都可以據以推論心臟是管心智活動與情緒之處。

　　從漢字來推論中國人對心臟與腦的功能的看法，也很有趣。「頁」這個部首是「頭」的象形。「頑」指愚蠢沒有靈性，「頹」指精神萎靡不振，「顦顇」指憔悴，「願」指希望，「顢頇」指不明事理或不用心等等，可視為中國人認為心智、慾望、情緒等與腦有關（頭在發燒能不「煩」？）。而屬於「心」這個部首，我曾粗略依據「國語日報辭典」的「心」部首252個字中，找出與「心理功能」有關的字約180個字，再粗略分為四大類，得與情緒有關者93字（如忐忑、

憤、怒、懼、怕等），與心智有關者 13 字（如忘、悟、憶、戀等），與思考有關者 15 字（如思、想、惑、忖等），及與「心理狀態」有關者 60 字（如怒、恍、惚、惰、懇等）。可見中國人也將與心理功能有關的事件視爲與心臟有關聯。最有趣的一個字是「惱」，左邊象心，右邊象頭，心腦合一令人惱。

其實，心腦之爭到公元 200 年時已累積很多證據足以推翻心臟的地位，但是，在西方，到十七世紀時，莎士比亞在「威尼斯商人」中依然寫道：「告訴我，想像力在那裏？在心？在頭？」直到十八世紀時，才算放棄心臟！不過，語言的惰性是很難更正的，實在令人「傷心」與「傷腦筋」。連研究心理現象的心理學系，都不得不繼續用「心」，實在令人「痛心疾首」－心首又並存，可「惱」！

第三節　身心問題的類別

身心問題是哲學上的本體論問題（ontological problem），它問的問題是：心理狀態與過程的真正本質是什麼？它們在什麼媒體中發生？與物理世界如何發生關聯？

關於身心問題，你可能已有一些先入爲主的想法。不管你的想法是一那一種，你不妨現在先想一想你的想法是什麼

（最好寫下來，當作憑據），以便與以下介紹的比較。依據
Churchland（1994/1988），目前值得討論的觀點有五大種，
這裏我們只摘要介紹其中的三大種。

一、二元論

　　在二元論的大旗下，其實還涵蓋了幾種相當不同的理論。
但它們仍有共同的一個觀點：有「意識與智慧的基礎本質」
存在於某種「非物理性」的東西中，不是物理界的知識所能
解釋的。

　　實質二元論。首先介紹的是笛卡爾的實質二元論。該理
論認爲：身體是屬於物理性的物質，物理物質的基本特質是
具有長、寬、高，且在空間佔有確定之位置，也就是這種物
質在空間中有外延的特性；而心靈或有意識的理性是「真實
存在」，且獨立於物理世界之外，不具有空間外延的特性，
不佔空間，具有「非物理性」的實質。身體實質與心靈實質
之間有雙向之因果關係。身體的感覺器官是物理範疇，在其
上所發生的事件（如針刺皮膚）導致心靈範疇產生感覺經驗
（痛的感覺）。而心靈狀態的慾望或意志等事件，可使身體
執行具目的性之行爲。由於身與心之間具有因果關係，所
以，你的身體是你自己的身體，而不是他人的身體。

　　身體具物理實質是大家公認的，不成問題。心靈實質是

否「存在」，就較需要說服。支持心靈實質的證據有二：①
經由內省，你知道自己具有思維能力，且它是不佔空間的思
維能力實質（而且，有此思維能力，才有你真正的自己——我
思，故我在）；②很難想像純物理系統能使用語言或執行推理。

　　撇開不談心靈實質是用「非物理性」這種負面描述來定
義，令人難以知道心靈實質到底是什麼；實質二元論面臨的
最大困境是：非物理性的東西如何推動物理性的東西？在物
理範疇裏，不可能「無中生有」，缺乏動量，身體是不可能
動起來的。如果心靈實質可使身體動起來，那麼，「非物理
性」的心靈實質如何提供動量來推動物理性的身體？笛卡爾
想出「動靈」（生命精神，animal spirit）的點子，假設它是
身與心之間的媒介。但是，如果動靈是具有物理特性，則非
物理性的心靈如何使物理性的動靈動起來？問題依然在。

　　通俗二元論。面對實質二元論的困境，通俗二元論試圖
來解套。通俗二元論亦主張有心靈實質的存在，但在「不佔
空間」的立場上予以修改，認為心靈實質與物理實質擁有相
同的空間性質，因此，心靈就可以位於它所控制的身體內部
（如腦）。

　　接著，通俗二元論認為，既然在物理範疇中質能可以互
換，則心靈實質可能類似一種能量。果如此，則心靈實質的
能量就可化為動量，在它所在的位置啓動身體。

　　這個理論看似解決了問題，但是，「心靈實質是一種能

量」只假設而已。是否為真?仍缺證據。即使此假設為真,且認定只有人類具有心靈實質,那麼是否只有位於像人腦這樣複雜的物質中才會有心靈實質?猴腦就沒有?

通俗二元論在空間性質上所採取的立場既然是:心靈實質位於腦內。則人死或腦死之後,心靈實質也隨之消失?換句話說,人死之後就無靈魂。若不願意接受這種結論,勢必再假設心靈實質不必然位於複雜的腦內。各項假設,都需驗證是否為真。通俗二元論者對驗證一事,成績空白。

性質二元論。以上所談的二元論,基本上是認為有心靈實質這種東西,而其地位是與物理實質相埒的。這種立場所面臨的困境已如前述。為了跳脫心靈實質如何推動物理實質的難題,性質二元論者放棄了心靈實質的立場,認為心靈實質就是大腦,但是大腦除了有物理的性質之外,另外擁有其他物體所沒有的「性質」,該性質是「非物理性」的,無法約化到物理定律層面。性質二元論有三種不同的版本,分別是超現象論性質二元論、互動論性質二元論、及基本性質二元論。

超現象論性質二元論認為,大腦活動的後果有二,其一為導致物理性的身體活動,其二為非物理性的意識經驗。如,你的大腦活動導引你的眼睛在看書,同時也讓你「知道」你正在看書—這是一種「意識經驗」。這種意識經驗不是屬於物理性大腦活動的一部分,而是「超乎其上」的現

象。大腦何以能生這種「超現象」？此理論認為，大腦達一定程度的複雜性後，自然就能產生超現象。

意識經驗是經由內省而確認存在之超現象，其性質是非物理性的，所以不能約化。這個理論承認它是大腦活動的「副產品」，對身體活動沒有因果關聯，與身體活動只有同時出現的相關關係。這種立場當然放棄了「意志即是力量」這種心可以影響物的立場。

互動論性質二元論的觀點，基本上與超現象性質二元論相同，唯一不同的是主張心理性質（如意識經驗）亦可對大腦活動有影響，亦即心理性質與物理性質（大腦）之間具有互動的因果關係。因此，才能「有志竟成」。

前述兩種二元論均稱心理性質是由具物理性質的大腦衍生出來的。那麼，為何物理性質可以衍生出心理性質？論證的方式是，物質具有相當系統性與複雜性的組織之後，就會出現新的性質。譬如說，元素經過有系統的組織後形成一個相當複雜的細胞，細胞就具有其組成元素之和所沒有的「生命」性質；許多細胞無系統地聚合一起，與有系統地組合成複雜的生物體相比較，就缺乏生物體所具有的特殊性質。同樣的物質，若組織構造不同，所顯現出來的性質也不同，如水之三態。因此，在經過演化歷程而篩選出來的最複雜的有系統的大腦組織，當然有可能衍生出新的心理性質。

但是，這種衍生出來的心理「性質」，為何不能約化到

物理層面？水的氣、液、固三態，各有不同的「性質」，但
維持在物理範疇之內。爲何組織成大腦之後，此物理性質衍
生出來的心理性質就成特例，不能約化？

　　基本性質二元論就出來化解這個難題。它主張，心理性
質並不是演化所得之大腦衍生出的性質；心理性質根本就是
客觀現實的「基礎性質」，與長度、質量、電荷、磁引力、
萬有引力等等物理性質具有同等之基礎性質地位，不必需要
從物理性質中衍生出來。目前雖然無法證明心理性質的確是
一種基礎性質，但是，從物理學的歷史來看，在廿世紀初，
電荷與磁引力並未被證明是屬於基礎性質，但後來終於認定
兩者確是客觀現實的基礎性質。同理類推，今天雖是「假
設」心理性質是基礎性質，他日終究會證明其存在的。

　　如此一來，固然解決了衍生的性質爲何不能約化的難題，
但基礎性質爲何就可以是不可約化？目前所知的基礎性質都
在物理範疇之內，心理性質憑什麼理由必須例外？而且，以
電荷與磁引力的基礎性質爲例，其性質從最基本的次原子層
次到複雜電機機具上都存在；心理性質爲何不能在神經細胞
的層次存在，而必須在大腦的層次才存在？所以，不能約化
的難題，依舊存在。

　　二元論爲何如此韌命？一路論述下來，可以看出二元論
不管怎麼應變總是逃不了陷入困境的命運，但是，人們（包
括科學家在內）對身心問題持二元論立場的，仍佔絕大部

分。爲什麼二元論那麼頑強韌命？較重要的原因有四，茲分別討論如下。

第一個原因是：宗教信仰的力量。有宗教信仰的人非常的多，而各種宗教都有其教義，且均採靈魂不滅的基本立場，也就是實質二元論的立場。若一個人有了宗教信仰，卻要放棄二元論，就會產生衝突，就會有認知失調；結果就維持二元論的立場。

宗教需要有信徒，要吸收信徒，教義是很重要的說服工具。所以，當科學知識與教義有衝突時，宗教界的反擊經常很強烈。像地球不是宇宙的中心、疾病是由微生物所引起、地球年齡已有幾十億年、生命是一種生物化學現象等等關鍵性的「新」觀點，在提出的當時，都受到宗教界極大的迫害。不過，歷史證明，想要用教義來解決科學上的問題，宗教都是敗下陣來。解除黑死病的威脅，靠的是微生物學的知識，靠的是公共衛生，而不是信仰戰勝惡魔。

第二個原因是：內省經驗的現象。不可否認的，我們都能夠經由內省而有「意識經驗」，但卻不能經由內省得知神經網路的活動。因此，「意識經驗」與「神經活動」是二回事，「意織經驗」應是單獨存在。

這種論點，基本上認爲可以感知的事件與不可以感知的事件是分屬二種事件，而且不可以視爲同一事件。我們可以舉一例說明這種論點未必成立。我們可以聽到聲音，卻無法

感知到大氣分子密度大小的正弦波序列；但是，以我們現有的知識知道聲音與正弦波其實是同一回事。我們自身的器官無法感知正弦波，但是儀器可以，這並無礙於將正弦波與聲音視同一件事。同理，我們的器官無法感知神經活動，這並不表示神經活動不能與意識經驗視同一件事。

　　第三個原因是：與不可約化的立場有關。此立場認為，縱使了解了腦的結構與運作方式，這些知識仍無法解釋或預測心理性質；譬如說，笛卡爾很難想像物理性質的東西會具有推理能力。但是，目前電腦的能力已經可以「執行」推理的工作。當然，二元論者永遠可以玩一種遊戲，提出一堆難題，而這些難題是當時的物理機器無法解決的，以目前來說，如電腦有愛的能力嗎？能自己生「電腦後代」嗎？……。但是，從歷史來看，此類難題已被唯物論者的努力不斷地破解。也就是說，原先被認為是不可約化的，後來被證實還是可約化的。二元論者除了會丟出問題外，有沒有在解決問題？

　　第四個原因是：與特異功能（或超自然現象）有關。由於不時會有人出來展現一些常人辦不到的能力，而且是當時的知識難以解釋的現象，如傳心術、未卜先知、魂鬼附體、以心移物、隔牆視物等等。這些「現象」，是否為真？都需要確認。九〇年代，中國大陸經常報導有關特異功能的例子，後來都無法通過嚴格的驗證。西方的例子亦復如是。

　　即使有部分的特異功能的確存在，也不必然要用心靈來

解釋。「特異功能」之所以會「特異」，一方面固然是只有一小部分的人辦得到，另一方面是「當時」的知識無法解釋。不過，人本來就有個別差異，不能據此認定這些人的能力是由心理實質或心理性質所表現出來的；不然，蜜蜂有能力偵測紫外線，其能力也要歸諸於心靈？至於知識能否解釋現象的問題，任何一個時候所累積到的知識總是有限的，這並不代表這些現象一定要用心靈來解釋。當知識無法解釋黑死病時，就用神靈或魔咒的方式來「解釋」，但當微生物的知識有了之後，神魔就退位消失。

　　持二元論立場的人面對特異功能現象時，除了用「心靈」來「解釋」之外，什麼也沒做。反倒是對這些現象進行研究的人，如台大李嗣涔教授，都是從物理學的立場來探索未知的知識。所以，可預期的，對這些現象能夠進行解釋，將會是唯物論的。

二、恆等論（約化性唯物論）

　　恆等論的中心論點極為簡單：心理狀態就是大腦的物理狀態。換句話說，每一種心理狀態（或過程）就有一種對應的大腦或神經網路之物理狀態（或過程）。因此，有多少種的心理狀態就對應了多少種的物理狀態。持此立場的人都心知肚明，目前我們對大腦的了解仍很有限，對常見的心理狀

態（如嫉妒）都無法提出相對應的大腦狀態。不過，恆等論者確信，對大腦的了解會愈來愈多，因此，相對應於心理狀態之大腦狀態也會愈發現愈多。

恆等論者的信念，有沒有依據？從科學史來看，這個信念是有例可援的。如聲音等於空氣中行進的壓縮波序列，光等於電磁波、冷暖等於平均分子動能之低或高、閃電等於雲與雲（或雲與大地）之間的大量放電等等。

恆等論的立場也等於承認心理狀態是可以約化到物理層面。前段所提的聲音、光、冷暖、及閃電，都是人類感官所能感知之現象，卻都可以約化至我們「感覺不到」的物理層面。而且，在壓縮波序列的理論在尚未出現之前，人類對於聲音的「理論」已知有①會傳遞；②會愈傳愈弱；③撞壁會有回音等等，則在以「壓縮波序列」一詞來取代「聲音」一詞時，則「聲音」理論中原有的架構或內涵，新的「壓縮波序列」也必須都能一一對應解釋。能如此，則新舊理論之間就完成「跨理論約化」，也就是舊理論約化到新理論。如此，就完成了「跨理論恆等」的宣告。

既然常識性的概念架構中的可觀察的事物或性質（如聲光）已證實是可以約化的，則相信如嫉妒這種心理性質終究可以約化成神經語言，並不算離譜。

三、功能論

　　「心理狀態」通常指的是經由內省而得的意識經驗。不過，我們也可以用因果關係來定義心理狀態。以痛覺為例，因為皮膚被刺到了，所以有痛覺；因為有痛覺，所以表現出痛苦的表情，想辦法把刺拏掉等等。「痛覺」是由環境因素引起，透過感官而產生的一種心理狀態；該心理狀態進而使個體執行一些特定的行為。功能論就是用這種因果關係來定義心理狀態。恆等論定義心理狀態就是大腦狀態，而依據功能論的定義，凡是能夠符合上述因果關係的內在狀態都是心理狀態，則大腦只不過是各種可能產生心理狀態中的一種。譬如說，外星人也有推理能力，不過他的身體構造迥異於人類；但是在前述的因果關係上與人腦所能做的卻相同。換句話說，結構上不同的二個個體在功能上卻是對等的。

　　如果我們可以想像外星人會具有心理狀態，則根據功能論，我們自然可以想像，或許某類型的電腦也會具有心理狀態。如此，人工智慧的研究就有了理論基礎。當然，依據功能論，其他動物亦有可能有其心理狀態。

　　功能論給恆等論出了一個大難題。物理世界可能組織出來的具功能性心理狀態的類別，理論上說來，在數量上一定大於人腦這一類型所能產生者。如此一來，心理狀態就無法

恆等於大腦活動。不過，若恆等論只是「就人而言」，則功能論所丟出來的難題就不成問題了。

　　功能論所面臨的難題是：功能上相同，心理狀態是否一定相同？如果一位紅綠色盲的人在應付紅綠燈的交通號識時與正常人完全一樣，則色盲者對紅色的感覺與正常人對紅色的感覺完全相同？

‖第四節‖　「心」路歷程

　　二元論者在談「心」時，認爲靈魂可以進出身體；唯物論者在談「心」時，必須考慮感官事件如何到達大腦的問題。換句話說，與「心靈」有關的東西及其位移路徑是談「心」時必須面對的問題。以下從唯物立場簡介相關的歷史。

一、中古史

　　約在紀元前 560 年左右，Anaximenes 主張宇宙的本質是氣，所以心靈的本質也是氣（與空氣相同),俗稱精神氣（pneuma）。到了紀元前 480 年左右，義大利西西里島的 Empedocles 體認血的重要性，進而推論心臟是血管系統的中樞。由於血液對生命是如此重要，所以精神氣的中樞也在心臟，並經由

血管分送全身。他所說的精神氣，就是等於心靈與生命；精神氣與空氣相通（經由呼吸）；血液會乾掉，是精神氣蒸發掉的結果，所以，活血必須有精神氣，才能在身體內流動。

約在紀元前 400 年左右，Democritus 認爲宇宙是由原子組成，心靈是由心靈原子（psychic atom）所組成。心靈現象是心靈原子運動的結果。約在同一時期，Hippocrates 學派除了提出四種體液的學說之外，對血管系統有進一步的認識。一來發現有許多血管通往腦部，其中二條最大的分別來自肝與脾（這當然與目前知識不符）；二來發現了心臟還可分成心房與心室，以及分隔心房與心室的瓣膜。該學派認爲，氣是直接進入左心室，而非先進入血液再到心臟。氣入左心室後再與血結合而成靈（spirit）；左心室是心智之所在地。

雅典時代結束之後，接著是亞歷山大時代（約在紀元前 300 年），解剖學正式成爲一門學科，出現了兩位大人物：Herophilus 與 Erasistratus。Herophilus 是首位在公開場合對人體與動物體進行解剖的人，他確認大腦是神經系統的中樞，並且區分了感覺與運動神經、以及動脈與靜脈血管（而且確認動脈產生脈博）。

與其說 Erasistratus 是解剖學家，不如說是生理學的鼻祖。他認爲，大自然塑造了目的，使身體爲了目的而去行動；換句話說，身體的運作是爲了適應外在環境。

Erasistratus 同時相信心靈原子與精神氣兩種觀念並予以

整合。從解剖觀察，他認為身上任何一個器官都含有三種「管道」－靜脈管、動脈管、及神經管。這些管道可以一再細分，到肉眼看不到的細管（是「微血管」概念的濫觴）。血液由靜脈管傳輸；空氣進入肺後再進入心臟，在此變成「活靈」（vital spirit），再由動脈管傳輸至全身各處；活靈送到腦後，在腦室再轉變成「動靈」（animal spirit），經由神經管道（中空的）傳送全身。動靈流進肌肉後，肌肉膨脹收縮，產生動作。

接著上場的人物是 Galen（約公元 170 年）。他延續氣的概念，並且對血的起源提出一套理論。他認為，由消化管道製造出來的乳糜（chyle），經過門管（即門靜脈）進入肝，與「自然靈」（natural spirit）結合後形成血液，再經由靜脈血管分送全身，其中最大的一支是送到右心臟。由於他已知道心臟與肺之間有血管相通，他認為血中不純的物質經由「似動脈的靜脈」（即肺動脈）入肺並呼出；純化過的血液就再回流至靜脈系統。一部分純化的血液會透過「心臟中隔」的微管道，滴入左心室。左心室含有空氣。吸入肺的空氣，經過「似靜脈之動脈」（即肺靜脈）而進入左心室。左心室內的空氣與滴進來的純血結合形成較高級的「活靈」，經由動脈分布全身。流到腦部的活靈，分流至腦內特殊的構造，轉化成動靈，經由神經「管道」，分布全身。

小結。空氣與血對生命的重要性，應該是很容易就確認

出來。當初認為體內的精神氣（pneuma）即等同於空氣（air），也是很自然的事。知道血液分布全身，而將精神氣依附在血液上以達傳遞的目的，「血氣」併談，也是自然的事情。後來解剖學的知識愈來愈豐富，血氣關係的理論也愈來愈細膩，不但改變了氣依附在血的立場，而且將氣與血的結合形成靈（spirit），加上知道另有與血管不同的神經，且知腦是神經中樞，因而有動靈的概念。心靈的位移，已認定為在神經管道中進行，其媒體為動靈，如液體般地位移。

二、近古史

經過黑暗時期之後，笛卡爾在提倡身心二元論時，為了要解決心如何影響身的問題，乃借助動靈的概念。動靈是在腦室裏，腦室壁有可開關的孔（與目前知識不符），原則上是關閉的。當某一個孔受到感應時，該孔打開，動靈由該孔流出，沿著所聯接之神經管道，流至特定之肌肉引起收縮。他的解釋，至少解決了右手被刺只縮右手而不會縮左手的現象。

這類型的動靈學說有幾個特性值得注意。第一，動靈只有一種；如此，如何能區辨聲光？第二，神經管道是像水管一樣。第三，肌肉收縮是被動的，有動靈流入才會收縮。第四，腦室是動靈的中樞。

關於腦室的重要性，在十七世紀時被與笛卡爾同時代的
Willis 質疑。Willis 將腦區分出灰質與白質，並且認為灰質才
是動靈的所在地，而白質負責將動靈送往全身各處。到了十
九世紀，Willis 的觀點才被證實。

不過，動靈到底是什麼東西？它一直是假設性的「東
西」。很有趣的，解決這個問題時是從「水管式的神經管
道」與肌肉著手。這兩者，在動靈學說裏，都是「被動的」。
在十七世紀中葉，Glisson 認為任何器官或組織都有「生命
力」（vital force），所以都可以被激動（irritable），包括肌
肉與神經在內。一個世紀之後，瑞士的 von Haller 用刀刺肌
肉，肌肉會收縮，證明肌肉本身是可以被激動的。那麼在正
常情況下，神經如何激動肌肉？還是沒解決。

到了十八世紀末，Galvani 首先發現萊頓瓶的靜電可使肌
肉收縮！（動靈就是電？）接著，Galvani 與他的太太進行一
個「大氣中所產生的電會否使肌肉收縮」的實驗，在準備實
驗的階段，他們將銅鉤勾住青蛙的脊髓（以使蛙腿伸直，便
於觀察腿的收縮），並掛在鐵桿上；出乎意料之外，正式實
驗未開始（天氣晴朗，尚無雷電），蛙腿已「自然收縮」！
既然沒有外電，而電是可以使肌肉收縮，則蛙腿的自然收縮
應該是神經組織（脊髓）自己會產生（animal electricity 來刺
激腿部肌肉）。所以 Galvani 認為 animal spirit 就是 animal elec-
tricity！另一個值得注意的是，無腦的脊髓也有 animal electric-

ity；所以，animal spirit 只產於大腦的說法，如果 animal spirit 等於 animal electricity 的話，就不成立了。

Galvani 的實驗與結論，馬上受到伏特（Volta）的質疑。伏特認為銅鉤與鐵桿的安排，本身就會產生「金屬電」。所以蛙腿的收縮是金屬電所激動的。就此實驗而言，伏特是對的。

動物體會否自身產生電？這個問題到了 1838 年，Matteucci 用新的儀器（電流計）來測肌肉，不但證明肌肉因電擊而收縮，而且記錄到肌肉本身所產生的電流！

有了電流計與伏特計之後，1848 年 Du Bois-Reymond 記錄到神經與肌肉所產生的「電負極波」（即動作電位）。接著，Helmholtz 測出神經傳導的速率（他測到的是每秒 20 至 40 公尺）；它雖然比金屬導電的速率慢，但已與「行動迅速」的實際現象相當吻合。

如此冗長的歷史性回顧，除了舖陳出如何獲致與目前科學知識較相符的歷史之外，也展示出原先不易用唯物觀來解釋的東西，到最後的確是可以約化到電學的層次。雖然歷史的確很長，不過，唯物論終究顯示了其威力。

三、近代史

心靈事件之位移是以電為媒體一確定，附帶的就揚棄神

經是「水管式」的想法。其實，對水管式的神經管道質疑的，還有解剖學家。Leeuwenhoek 首次用顯微鏡來研究神經，於 1718 年報告神經是「管狀」；一直到 1824 年 Dutrochet 才首次描繪出神經的「小細胞」（含目前所知的軸突），亦即首次指出「神經」並非只是「水管」，它也有細胞體。這就引發了有無「神經細胞」的爭議。不過，數年之後，Valentin 又在小腦中找到目前所知的細胞體與樹突。但是，細胞體與樹突（或軸突）是否同屬「一個細胞」，直到 1865 年才定案─合起來是一個細胞。

　　解剖學的進展與電生理學的進展差不多是同時。神經細胞定案之後，接下來的問題是電位傳遞如何在細胞間進行？有二派爭執不下：神經網學說與神經細胞學說。前者主張，神經纖維（軸突）彼此之間交織成網狀，所以神經細胞與神經細包之間有「連通性」的聯接。後者則主張每個神經細胞是「獨立的個體」，只是細胞間的排列有先後之分的接續性而已。

　　從電的傳遞來看，神經網學說較佔優勢；因為既然是連通性的網狀組織，則電從一個細胞傳到另一個細胞，正如同電從一條電線傳到相聯結的另一條電線。若兩個細胞間有空隙存在，電要如何傳？這是神經細胞學說必須面臨的難題。

　　支持神經網學說的證據是 von Gerlach（1971）的神經組織切片研究。他用氯化金來染色，結果看到許多樹突（或軸

突）交織而成的網狀。之後，Golgi 改用汞來染色（只染出 3
％的神經細胞），結果看到「單獨存在的神經細胞」；但他
卻依然支持神經網學說！為什麼？

　　在單眼顯微鏡下看染色的神經細胞，如果看到兩條神經
纖維（軸突）交叉時，即使實際上在交叉點處這兩條軸突並
沒「接觸」，也不易判斷在該點上沒有「接觸」，因而易於
判成這兩條軸突在交叉點上觸接，因而結論出神經網的學
說。而在觀察到單獨存在的神經細胞時，因為知道有很多細
胞沒被染上，因此，看到的神經細胞可能與沒看到的神經細
胞間有觸接，因此 Golgi 才會依然支持神經網學說。

　　不過，1869 年 Kuhni 發現運動神經纖維「止於」肌肉纖
維，但並沒有「穿入」肌肉纖維。1887 年 His 與 Forel 在研究
神經細胞的發展時，發現神經細胞最初只有細胞體，後來才
逐漸長出樹突與軸突，且絕無「交織成網」的現象。1888 年
Ramon y Cajal 用 Golgi 的染色法來研究小腦的 Purkinje cell，這
個神經細胞的細胞體是被另外一種神經細胞（basket cell）的
軸突密密包圍，但這些軸突絕對沒有觸接到細胞體上！Forel
還做過一個實驗，將一條軸突切斷之後，導致逆向的壞死，
可以看到屬於該軸突的神經細胞之細胞體與樹突的壞死，但
看不到其他細胞的壞死。如果一個細胞在壞死過程中產生毒
素，且與另一個細胞有觸接連接的話，該毒素應該會讓另一
個細胞也毒死才對。這些證據均指向神經細胞是「獨立的個

體」。

　　Sherrington 在測量由運動神經元與感覺神經細胞組成之反射弧的傳導速率時，發現反射弧所用掉的時間永遠大於感覺與運動神經所費時間之和，因此他於 1897 年推論，感覺與運動神經細胞之間存有一個縫隙，稱之為突觸（synapse）；反射弧多用掉的時間，就是神經訊息通過突觸時所花的時間。這個推論支持了神經細胞是獨立的個體的想法。

　　雙方的爭議非常激烈，直到 1933 年，神經網學說才算真正被打敗。到 1950 年電子顯微鏡問世之後，突觸才終於被「看」到了。

　　神經細胞學說這個贏家仍有一個問題待解。一個細胞的電如何傳給下一個細胞？十九世紀中葉 Du Bois-Reymond 猜想，運動神經的軸突末端或者是放電、或者是釋放（或分泌）化學物質，以使肌肉收縮。1857 年 Bernard 研究箭毒（curare），中毒的動物四肢癱瘓；但通電到肌肉，肌肉仍會收縮；感覺神經依然正常運作，所以推論箭毒是傷害了運動神經。然而，1866 年 Vulpian 發現中箭毒的動物，其運動神經也是正常，因此，箭毒應該是作用在突觸上。既然箭毒是一種化學物質，所阻礙的東西應該也是化學物質。

　　廿世紀初已能萃取出腎上腺素。Elliot 於 1904 年發表交感神經控制膀胱的研究報告。刺激交感神經使膀胱放鬆；注射腎上腺素，也會使膀胱放鬆。先注射 rye ergot 的萃取物後，

再刺激交感神經或注射腎上腺素，則膀胱放鬆的效果就不見了。因此結論，刺激交感神經，其軸突末梢分泌腎上腺素，腎上腺素再作用到膀胱的平滑肌；而 rye ergot 的萃取物阻礙了腎上腺素的作用。幾年之後，又發現了運動神經末梢分泌乙醯膽鹼，使肌肉收縮；而箭毒正是有阻礙乙醯膽鹼的作用。腎上腺素與乙醯膽鹼是最先被發現的二種神經傳導物質，且是在周圍神經中發現的。後來陸續發現各色各樣的神經傳導質，並且也在中樞神經系統中發現。如此就解決了神經細胞學說的難題。

　　「心」路的探索歷程是如此漫長與坎坷。從以上的描述，除了可以看出堅持唯物論所能獲致之成果外，我們也看得到，神經科學的進展，適時要利用其他學科的研究成果，如電學、光學、內分泌學、解剖學等等。歷史交代至此之後，讀者在閱讀以下神經構造與神經生理時，除了「苦讀」與欣賞之外，當思這些現代知識得來不易。

參考文獻

Blakemore, C. （1977）. *Mechanics of the mind.* Cambridge: Cambridge University Press.

Changeux, J.-P. （1985 ／ 1983）. *Neuronal man: The biology of mind.* Oxford: Oxford University Press. （英譯者為 L. Garey）。

Churchland, P. M. （1994 ／ 1988）。「物質與意識」。台北： 遠流。（中譯者為汪益）

Singer, C. （1957）. *A short history of anatomy and physiology from the Greeks to Harvey* （2nd ed.）. New York: Dover.

Stage, W.T. （1920?）. *A history of Greek philosophy.* （中譯本）。

神經細胞的構造

張震東

第一節　神經系統的細胞種類

　　神經系統可分成中樞神經系統（central nervous system）與周邊神經系統（peripheral nervous system）。前者包括大腦（brain）及脊髓（spinal cord）組織，分別爲頭顱及脊椎骨保護，共有大腦半球（cerebral hemispheres）、間腦（diencephalon）、中腦（midbrain）、橋腦（pons）及小腦（cerebellum）、延腦（medulla）及脊髓六大部位。而後者指位在頭顱及脊椎骨外的神經索及神經節等組織，包括感覺神經（sensory neurons）、運動神經（motor neurons）及自主神經系統（autonomic nervous system）。而自主神經系統又可分成交感神經（sympathetic）、副交感神經（parasympathetic）及消化道神經（enteric system）。神經組織主要由神經元（neurons）及膠原細胞（neuroglias 或 glias）共同組成，神經元（或稱神經細胞）負責神經訊息的接收、整合及傳遞以及偵測身體內外環境（物理及化學）變化的功能。所以神經元是一種特化的細胞，有產生神經訊息、傳遞神經訊息及讀取神經訊息的能力。一般人常誤解神經組織僅含神經元一種細胞，但事實上身體的各個器官，除了具有與該器官功能有關的特化細胞外，也都具有其它支持細胞（supporting cells）及結締組織

（connective tissus）。這些支持細胞的作用有物理性及化學性支持兩方面，物理性支持可以提供機械支撐，維持細胞形狀。而化學性支持指支持細胞可協助維持特化細胞外化學環境（離子濃度、代謝產物濃度、酸鹼度）的恆定，或者支持細胞可分泌化學物質來協助該器官的特化細胞。神經組織的支持細胞即是膠原細胞。此外大腦內也富含血管。

一、神經元

　　神經系統功能及解剖的最小單位即是神經元及膠原細胞，每個細胞與其它細胞間具有明顯界限，除了在很少數的例子中是細胞與細胞以 gap junction 相連，如此相連的神經細胞彼此可取得同步化的反應。神經元基本上由外觀形態（圖 3-1）可分成幾個細胞部位：細胞體（soma 或 cell body）、軸突基部（axon hillock）、軸突（axon）、樹突（dendrites）及端結（nerve endings 或 nerve terminals）。其中軸突及樹突是由細胞體延伸而成，二者統稱神經延肢（neurites），而端結是由軸突末梢特化而成。

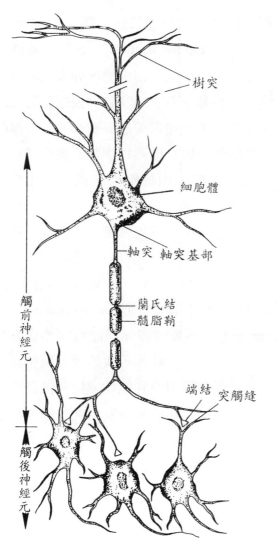

樹突

細胞體

軸突　軸突基部

蘭氏結
髓脂鞘

觸前神經元

端結　突觸縫

觸後神經元

圖 3-1　神經元外觀

本圖標示一個觸前神經元與三個觸後神經元，觸前神經元之軸突爲髓脂鞘包圍。請注意髓脂鞘在軸突上並不是連續的，中斷之處稱作蘭氏結。

　　由神經元之外觀可將神經元分成三類（圖 3-2）：單極
（unipolar neurons）、雙極（bipolar neurons）及多極神經元
（multipolar neurons）。單極神經元由細胞體延伸出來的延肢
只有一個，形成 T 字形之外觀，T 字的豎劃代表細胞體及部
分軸突，而橫劃代表軸突分叉而在末稍形成樹突。這一類的
神經元通常發現在無脊椎動物與脊椎動物少數的感覺神經元
（sensory neurons）。雙極神經元由細胞體的兩極（如南北
極）各長出一延肢；分別是軸突及樹突，這類的神經元以視
網膜神經元（retinal bipolar cells）及嗅覺神經元爲代表。多極
神經元由細胞體長出多個延肢，其中僅有一個是軸突，其餘
均是樹突，絕大部分的神經元屬於此類。在功能上我們可以
將神經元區分爲感覺神經元、運動神經元（motor neurons）及
中間神經元（interneurons）。感覺神經元指能直接感受身體
外界刺激如聲、光、嗅、觸、痛、味等，或感受肢體位置，
各有一特化神經元能分辨刺激種類而且能夠依據刺激強度產
生適度之神經訊息。運動神經元指直接控制肌肉收縮、舒張
及腺體（gland）分泌的神經元。其它的神經元則統稱中間神
經元，它們媒介感覺神經元及運動神經元之間的訊息傳遞、
接收及整合。

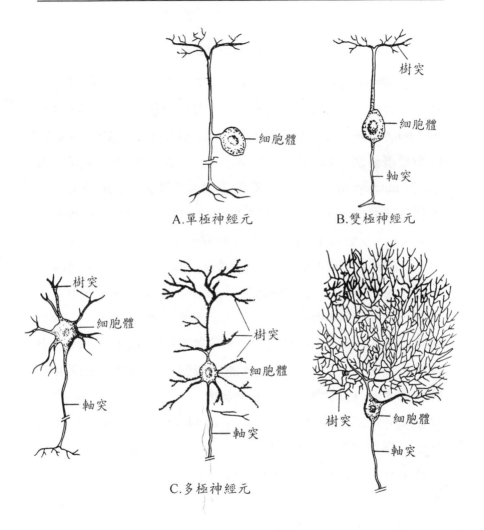

A.單極神經元　　　　　　B.雙極神經元

C.多極神經元

圖 3-2　神經元依外觀分類

神經元依外觀分類為單極（A）、雙極（B）及多極神經元（C），
每一類型之神經元以代表性細胞為例而繪出如圖示。

二、膠原細胞

　　神經組織內非神經元的細胞幾乎都是膠原細胞（**圖**3-3），數量是神經元的十到五十倍之多。膠原細胞可分成微膠原細胞（microglias）及巨膠原細胞（macroglias）二大類。微膠原細胞屬潛伏之吞噬細胞（phagocytes），在發生學起源同巨噬細胞（macrophages），當大腦受創傷或被細菌、病毒感染時，微膠原細胞會被活化、往病變處移動、進行吞噬作用（phago-cytosis）、及分泌與組織修補之有關分子。

　　巨膠原細胞與神經元在發生過程由同一母細胞分化而成，可再分成四類；分別是寡樹突膠原細胞（oligodendrocytes）、許旺氏細胞（Schwann cells）、星狀細胞（astrocytes）及腦室邊膜細胞（ependyma cells）。寡樹突膠原細胞及許旺氏細胞較星狀細胞小，而且細胞延肢數目較少。這兩種細胞圍繞著神經軸突形成髓脂鞘（myelin sheath），造成絕緣層，隔離了神經軸突可加快神經脈沖（nerve impulse）的傳導速度。寡樹突膠原細胞出現在中樞神經系統，而許旺氏細胞出現在周邊神經系統。許旺氏細胞形成之髓脂鞘在周邊神經軸突被切斷後可誘導神經元本體往髓脂鞘所在處重新長出軸突，但是寡樹突膠原細胞之髓脂鞘則會抑制受傷神經元之再生。

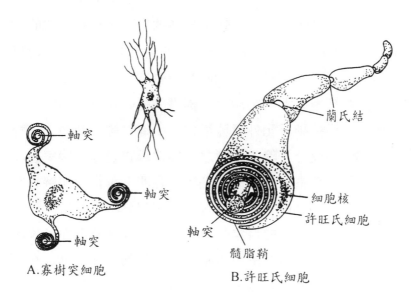

軸突

軸突

軸突

A.寡樹突細胞

蘭氏結

細胞核

許旺氏細胞

軸突

髓脂鞘

B.許旺氏細胞

圖 3-3　巨膠原細胞

分離的寡樹突細胞（
A 上）、包圍軸突的
寡樹突細胞（A 下）
、許旺氏細胞（B）
、星狀細胞（C）。
請注意寡樹突細胞是
以細胞延肢多層包圍
軸突，而許旺氏細胞
是以細胞全部多層包
圍軸突；一個寡樹突
細胞可以包起數段軸
突，而一個許旺氏細
胞只包起一段軸突。

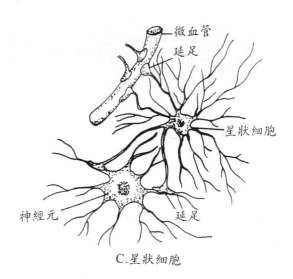

微血管

延足

星狀細胞

神經元

延足

C.星狀細胞

　　星狀細胞是膠原細胞中數量最多的一種，具有星狀的細胞體及狹長的延肢。延肢的末端有時會形成鈕扣狀的延足（end-foot），踩在神經元的細胞體及軸突上，以及微血管管壁上。星狀細胞有下列之功能：提供神經組織物理支持、分隔神經元、維持神經元外環境恆定、引導神經元的發育、提供神經元營養成分、除去多餘之神經傳導物質等。腦室邊膜細胞是圍繞著腦室的一層柱狀細胞，隔開了神經元與腦脊髓液（cerebrospinal fluid），負責腦脊髓液部分組成的合成以及腦脊髓液的循環。過去百年神經系統之研究多著重在神經元上，近十年已經有逐漸重視膠原細胞的趨勢了，尤其是在研究神經元分化誘導及受傷復元的領域上。

第二節　　細胞的基本結構

　　細胞（cell）這個名詞是 1665 年虎克氏（Robert Hooke）在軟木塞切片時觀察發現它的構造是許多規則的小隔間，所提出的名詞來描述這些小隔間。到 1840 年許旺氏（Theodor Schwann）提出假說認為所有的生命體（organisms）均是由單一的細胞或者多個細胞聚集而成的。現在我們認為生命體組成的最小單元是細胞，當然有一些生命體的組成是比細胞結構還簡單的，例如病毒（virus），但是它離開寄主單獨存在

時並不能表現生命現象。

　　細胞可分成原核細胞（prokaryotes）及真核細胞（eukar-yotes）二種。原核生物均是單細胞生物，包括細菌（bacteria）及一些原始藻類（algae）。原核細胞外圍是細胞膜（plasma membrane）及細胞壁（cell wall），用以界隔細胞內、外，防止細胞內含物外漏及細胞外物入侵。細胞內之總內含物稱胞質（cytoplasm），含有所有細胞維生及遺傳的物質，而且細胞內沒有進一步的分隔（compartmentation）。大多數原核細胞直徑為 1 至 2 微米（10^{-6} 公尺）。

　　真核細胞組成的生命體包括多細胞的動物、植物、黴菌（蕈，fungi）、原蟲（protozoan）及單細胞的酵母菌（yeast）、藻類。一般而言，真核細胞較原核細胞大，直徑約 5 至 10 微米。真核細胞最外圍是細胞膜，但植物細胞及酵母菌膜外還有細胞壁。真核細胞（圖 3-4）最重要之特徵是細胞內具有由類似細胞膜結構的胞器膜圍成的胞器（organelles），將細胞內再區隔成不同之隔間（compartments），也就是細胞內有分隔之現象。胞器有粒腺體（mitochondria），負責有機物質之氧化分解、ATP 的合成；內質網（endoplasmic reticulum）負責蛋白質的合成、輸送及鈣離子之貯存、釋放；高爾基體（Golgi complex）負責蛋白質之輸送、蛋白質醣化反應；溶解體（lysosomes）內含許多分解蛋白質、核酸、脂肪，及醣類的分解酵素；細胞核（nuclei）含遺傳物質—染色體（chromosomes），負責 DNA 複製、RNA 合成及輸送（也就是基因表現）。

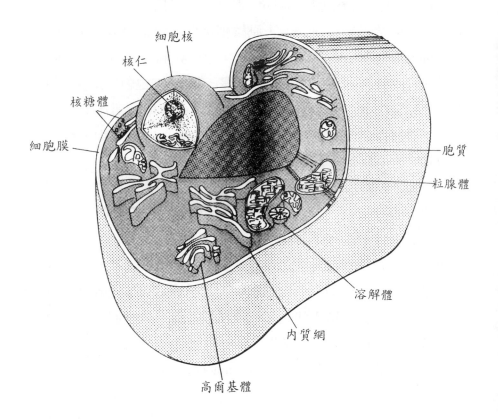

圖 3-4　真核細胞之一般構造

一、細胞膜（Plasma membrane 或 Cell membrane）

細胞膜（圖 3-5）的組成主要是由磷脂質（phospholipids）、膽固醇（cholesterol）及蛋白質（proteins）組成。磷脂質分子是個雙性分子（amphipathic），具有一長的碳氫鏈的避水性（hydrophobic）結構及一球狀親水性（磷酸根hydrophilic）結構（-----o）。由於物以類聚的特性，親水性結構的部位與水親近，而避水性結構的部位傾向遠離水分子，於是磷脂質分子會排出雙層的構造，將親水性結構部位朝外，而避水性結構部位朝內；這就是細胞膜及胞器膜的基本結構，稱脂雙層（lipid bilayer）。膽固醇及蛋白質分子則鑲在磷脂質裡。

鑲在細胞膜（或胞器膜）上的蛋白質稱膜蛋白（membrane proteins），大致上有下列功能：①結構蛋白（structural proteins）與維持細胞形狀有關；②受體（receptors）可接受細胞外一級信使（first messengers），如荷爾蒙（hormones）、生長因子（growth factors）、細胞間素（cytokines）、神經傳導物質（neurotransmitters）的結合而後造成細胞內的反應；③離子通道（ion channels）允許離子能順著濃度梯度（cencentration gradient）或電場作用力進出細胞之選擇性孔道（ion-selective pores），如鈉離子通道（sodium channel）、鉀離子通道（potassium channel）、鈣離子通道（calcium channel）、氯離子通道（chloride channel）等；④幫浦（pumps）是用來運

送離子通過細胞膜，但是需要耗能（即使用 ATP），如運送氫離子的 proton pump、運送氯離子的 chloride pump、運送鈣離子的 calcium pump 及運送鈉鉀離子的 sodium-potassium pump；⑤攜帶者（carriers 或稱 transporters）能和被攜帶物質（如葡萄糖）結合後將它運送通過細胞膜，細胞靠葡萄糖攜帶者自細胞外取得能量來源。

　　細胞膜的脂雙層結構僅允許水分子、氣體如氧分子、二氧化碳及脂溶性有機小分子穿過，稱之為擴散作用（diffusion）。而佔細胞絕大部分組成的水溶性物質（包含離子）則無法穿透脂雙層的避水性環境，所以水溶性物質進出細胞膜需要經過離子通道、幫浦或攜帶者的作用，稱之為細胞膜運輸（membrane transport）。細胞膜運輸依耗不耗能量可分成主動運輸（active transport）及被動運輸（passive transport）。被動運輸（如離子通道、攜帶者之作用）的發生需物質順著濃度梯度或電場作用力（或統稱電化學梯度，electrochemical gradient）由高濃度往低濃度運動，或者被電場作用力吸引或排斥運動，其輸送過程合乎熱力學預測，不需要再外加能量，因為它使用已存之位能。而主動運輸不同，可以逆向操作，使物質由低濃度往高濃度部位運送，所以需要外加能量（ATP），如幫浦之作用會水解 ATP 釋出能量。在此有一點必須澄清的是，所謂運送方向由高濃度往低濃度是指淨反應，即由高濃度往低濃度運動方向的分子數目比由低濃度往

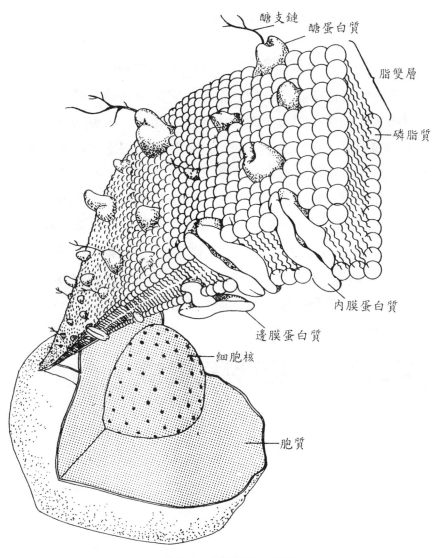

圖 3-5　細胞膜之結構

高濃度運動的來得多，它是個相減之後的淨值。

二、釋放顆粒（Secretory granules）

　　所有的真核細胞均含釋放顆粒，它是由高爾基體出芽、脫離而形成的微小顆粒，顆粒由胞器膜圍起，一般功能是運送細胞膜組成至細胞膜上。分泌功能旺盛的細胞如神經元、內分泌腺體細胞等，其胞質含較多的釋放顆粒，在神經元因為釋放顆粒大量堆積在軸突端結又稱突觸顆粒（synaptic vesicles）。突觸顆粒可裝填神經傳導物質至顆粒中，等待釋放信號，進行釋放動作（同「胞吐作用」）。釋放動作完成時，釋放顆粒之內含物（神經傳導物質）出現在細胞外，而釋放顆粒之胞器膜則混合成細胞膜的組成。

第三節　神經元的特化結構

　　神經元的特色是能接收、整合、產生、傳遞神經訊息，所以它具有獨特的細胞結構，主要是：①神經元可產生、接收及傳遞神經訊息（詳見下一章）；②神經元特具方向性（polarity）；以及③神經元可生出長而且多的延肢（neurites）。

一、神經元的方向性（又稱極性）

　　神經元由形態上可區分出細胞體、軸突，及樹突等部位，這些不同的部位除了外觀不同，內部構造也有異同，所以能執行不同之分工。簡單地說，樹突高度分叉的外觀大幅增加了表面積，基本功能是接收神經訊息（像天線）。細胞體除了執行一般細胞基本功能如代謝、蛋白質合成外也可接收神經訊息，重要的是它是整合神經訊息的部位以及產生神經脈沖的部位。軸突負責傳遞單方向的神經脈沖到軸突端結（nerve terminals）。端結與另一個神經元的樹突（有時與軸突或細胞體，但少見）形成突觸（synapses），送出訊息的神經元稱觸前神經元（presynaptic），而接收訊息的神經元稱觸後神經元（postsynaptic）。在突觸處，二個神經元並沒有實體接觸，中間隔開的空隙稱突觸縫（synaptic cleft）。當神經脈沖抵達軸突端結，造成神經傳導物質釋放到突觸縫，藉擴散作用抵達觸後神經元，與樹突膜上之受體結合，造成反應，如此達到訊息傳遞的目的。如此神經訊息之傳遞具有方向性，基本上傳遞方向是觸前神經元樹突＞細胞體＞軸突＞端結＞觸後神經元樹突。神經元方向性的造成主要是神經元內部結構在不同部位各有不同；例如高爾基體、內質網及核糖體出現在細胞體及樹突鄰近細胞體的部位，而粒腺體則出現在上述部位及端結。另外更重要的是蛋白質的分佈在不同部位不盡相

同，樹突區域含較多受體以及受體結合後反應所需之蛋白
質、軸突含較高之鈉離子通道及鉀離子通道、端結處含較高
和神經傳導物質之合成與釋放有關之蛋白質。這些細胞組成
的選擇性分配主要是由細胞的骨架系統（cytoskeleton）造成。
原來細胞的骨架系統除了支撐、維持細胞形狀、造成細胞移
動外，也扮演著胞器及細胞蛋白質輸送及分配功能。藉著細
胞骨架系統，神經元可將特定之胞器及蛋白質分配到細胞之
特定部位並且固定在該部位。

　　細胞骨架系統有微管系統（microtubules）、中纖維系統
（intermediate filaments）及微纖維系統（microfilaments），它
們都是具方向性的聚合蛋白質（protein polymers），而且時時
進行聚合（polymerization）及去聚合（depolymerization）反
應。以微管系統而言，『＋』（plus）端代表聚合反應比去聚
合反應強的一端，而『－』（minus）端代表去聚合反應比聚
合反應強的一端；但是這二端是可進行聚合及去聚合反應，
在『＋』端的淨反應是聚合反應，而在『－』端的淨反應是
去聚合反應。另一點關於骨架系統聚合物的特性是它不同於
一般化學聚合物（如化學纖維、聚乙烯等），一般化學聚合
物形成之後是個穩定結構，很難進行去聚合反應。在神經元
軸突內微管系統全部是單方向排列，將『－』端指向細胞體
而『＋』端指向軸突端結。在樹突的微管系統卻是雙向排
列，即有些微管將『＋』端指向細胞體而其它之微管卻將

『－』端指細胞體。但是樹突離開細胞體較遠而接近末梢處，微管系統又呈現單方向排列，將『－』端指向細胞體。

二、神經元的延肢

在形態上我們如何區分軸突與樹突呢？一般而言，軸突較長而不分叉直到接近端結處才變得高度分叉，而且軸突的直徑不論離細胞體多遠均保持相當一致。然而樹突較短，高度分歧如樹枝狀，而且直徑離細胞體愈遠變得愈小。樹突一般而言離細胞體較近，而且含內質網、高爾基體及核糖體，所以在當地可進行蛋白質合成，此外距離較短運輸問題較小。但是軸突離細胞體遠，最長的軸突達幾十公分到一公尺，而且不含內質網等。軸突端結功能所需要的蛋白質組成（如與神經傳導物質合成、裝填、釋放有關的蛋白質）及粒腺體必須在細胞體部位合成後再輸送到目的地，因此需要一個特殊的運輸系統。我強調它是個特殊的運輸系統主要是軸突的長度和一般細胞的直徑比較，實在是長了太多！

軸突運輸（axonal transport）以運送速度及運送對象可區分成三大類，全都依賴細胞骨架系統，尤其是微管系統來操作。①快速軸突運輸（fast axonal transport）是個正向（antero-grade，所謂正向是個由細胞體往外的方向）運輸，即將運送對象由細胞體往延肢運送。運送速度約 400 mm/day，負責的運動蛋白（motor protein）是 kinesin，而運送對象是粒腺體、

釋放顆粒等。所謂運動蛋白是指一類蛋白質可利用 ATP（或 GTP）水解釋放之能量來作功造成移動或運動，其它細胞的例子是有絲分裂染色體在紡綞絲的移動、肌肉纖維的收縮、鞭毛之泳動等。②快速逆向（fast retrograde）運輸即將運送對象自軸突端結往細胞體運送，運送速度約 200 mm/day，負責的運送蛋白是 dynein，運送對象是吞噬液泡（phagocytic vacuoles）、老化之釋放顆粒、老化之粒腺體等。③慢速軸突運輸（slow axonal transport）是個正向運輸，將運送對象自細胞體往軸突及端結運送，運送速度約 0.2-5 mm/day，但不使用運動蛋白，運送對象是一般細胞質蛋白質。所以運動蛋白僅和快速的運輸有關。

第四節　神經傳導物質

　　神經傳導物質是神經元與神經元作細胞間訊息傳遞的媒介分子，一般而言是由軸突端結釋放出貯存在釋放顆粒中的神經傳導物質，經擴散作用抵達另一神經元，結合受體來影響另一神經元的活性。神經傳導物質以結構可區分成兩大類，一是氨基酸或氨基酸衍生物，亦稱傳統式神經傳導物質（classical neurotransmitters）。例如腎上腺素（epinephrine）、正腎上腺素（norepinephrine）、多巴氨（dopamine）、血清素

（serotonin）、加巴（GABA）、乙醯膽鹼（acetylcholine）、甘氨酸（glycine）、麩氨酸（glutamic acid）、天門冬酸（aspartic acid）等。這一類神經傳導物質釋放後有一部分會與觸後神經元受體結合，一部分被膠原細胞吸收，一部分經軸突端結回吸收系統（re-uptake system）回收且重新裝填到釋放顆粒中使用。另一類的神經傳導物質屬胜肽（peptides），故稱神經胜肽（neuropeptides），又稱非傳統式神經傳導物質（non-classical neurotransmitters）。神經胜肽一經釋放就不回收，而且它的作用時間較長。

神經傳導物質在作用上可分為二類，一是刺激性神經傳導物質（excitatory neurotransmitters）以乙醯膽鹼及麩氨酸為代表，所謂刺激性作用是造成神經元膜電位去極化（depolarization），增加產生神經脈沖的機會。另一類是抑制性神經傳導物質（inhibitory neurotransmitters）以加巴及甘氨酸為代表，這一類的神經傳導物質造成神經元膜電位過極化（hyperpolarization）或不容易去極化，而導致神經元不容易產生神經脈沖。大部分的神經傳導物質可為刺激性亦可為抑制性；主要是看受體次型（receptor subtypes）種類，一個神經傳導物質常可使用多個受體稱受體次型。以多巴氨為例，若受體次型是 D_1 則它的作用是刺激性，若受體次型是 D_2 則它的作用是抑制性。

另外以受體作用機制可將神經傳導物質受體區分成兩二

類，一是離子通道型（ionotropic receptors）即受體本身是個
離子通道，它的開關受到神經傳導物質的結合與否調控。另
一類是代謝型（metabotropic receptors），神經傳導物質與受
體結合後造成化學反應。通常一個神經元同時具有刺激性及
抑制性受體，而且一個神經元膜上有多個受體，可能同時有
不等個數的受體受到神經傳導物質的作用就會造成不等程度
的刺激或抑制作用。這些作用有些是加乘作用，有些是抵消
作用，整合的結果才決定神經元產不產生神經脈沖。通常一
個神經元僅合成及釋放一種神經傳導物質，所以可利用它所
使用的神經傳導物質來分類神經元。例如使用 GABA 的神經
元稱 GABAergic、使用 dopamine 的神經元稱 dopaminergic、使
用神經胜肽的神經元稱 peptidergic、使用 serotonin 的神經元稱
serotoninergic、使用 epinephrine（又稱 adrenalin）的神經元稱
adrenergic、使用 acetylcholine 的神經元稱 cholinergic。少數的
例子指出一個神經元可使用二種神經傳導物質，它們是使用
一個傳統式神經傳導物質和一個非傳統式神經傳導物質。如
支配汗腺之交感神經元使用乙醯膽鹼及神經胜肽（substance
P 或 VIP）。

參考文獻

Kandel, E.R. (1991). Nerve cells and behavior. In E.R. Kandel, J.H. Schwartz, and T.M. Jessell (Eds.), *Principles of neural science*, (3rd ed.). New York: Elsevier Science Publishing Co., pp. 18-32.

Schwartz, J.H. (1991). The cytology of neurons. In E.R. Kandel, J.H. Schwartz, and T.M. Jessell (Eds.), *Principles of neural science*, (3rd ed.). New York: Elsevier Science Publishing Co., pp. 37-48.

Schwartz, J.H. (1991). Synthesis and trafficking of neuronal proteins. In E.R. Kandel, J.H. Schwartz, and T.M. Jessell (Eds.), *Principles of neural science*, (3rd ed.). New York: Elsevier Science Publishing Co., pp. 49-65.

神經細胞生理學

張震東

第一節　細胞膜離子通道

　　離子通道是蛋白質（一個或數個）鑲在細胞膜脂雙層而成（**圖** 4-1），離子通道蛋白質大小足以穿過脂雙層，而在蛋白質內部形成一個離子可以通過的孔道（pore）。在細菌細胞膜上的孔道很大，造成可以通過的物質沒有好的選擇性。但是真核細胞的離子通道孔道較小而且較有選擇性，所以真核細胞膜上的離子通道是以它所能通過的離子來命名；如鉀離子通道、氯離子通道、鈉離子通道、鈣離子通道等。如果這個離子通道可允許多種陽離子通過則稱陽離子通道（cation channel），這種情形出現在肌肉細胞上的乙醯膽鹼受體（鈉、鉀離子通道）、大腦麩氨酸受體（鈉、鉀、鈣離子通道）。一個離子通道每秒鐘可允許一百萬到一千萬個離子通過，這種速率千百倍於攜帶者所能執行的反應速率。離子通道的選擇性除了來自於孔道大小之外，它還具有濾器（filter）作用；在它的蛋白質結構上有一部分是可以篩選離子，決定離子是否通過。離子通道的反應速率較攜帶者及幫浦快很多，表示離子通過離子通道的過程牽涉到較少之接觸，也因此離子通道作用之專一性較差。離子通道本身若兩邊接觸到可通透的離子則它是個導體（conductor），若是不存在可通透離子則

它是個純電阻體（resistor），一個良好的電阻體即是個不好
的導體。

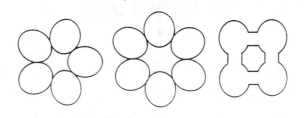

圖 4-1　離子通道

離子通道由四到六個膜蛋白質（稱次單元，subunits）圍成孔洞而
形成，這幾個蛋白質可能是相同（homo-oligomer）或不相同（hetero-
oligomer）的結構。

一、離子通道開關控制（Gating of ion channels）

離子通道依它的開關控制（gating）可區分為非控（non-
gated）離子通道及可控（gated）離子通道。非控離子通道表
示它是持續處在開啓（open）狀態，而可控離子通道則是處
於開啓或關閉（closed）的二種狀態之一；這二種狀態是壹與
零的狀態，離子通道的功能狀態是全開或全關，並無任何介
於二者之間的狀態。所以當離子通道處在關閉狀態時，離子
就無法通過細胞膜。當離子通道處在開啓狀態時，它有一個
特定的通透度（permeability），在實驗記錄上在相同電化學

驅力下它具有一個特定的導電度（conductivity），數值大小屬離子通道本身之特性。

控制可控離子通道的因素有許多種，有些離子通道的開關由細胞膜電位決定，稱電位控離子通道（voltage-gated channels）；在某個細胞膜電位（membrane potential，一般是靜止時膜電位）它是處關閉狀態，當細胞膜去極化時則開啓了電位控離子通道。有些離子通道是受到機械力控制，當細胞膜受到壓力擠壓（外力施壓、細胞體積增大）時會打開離子通道，稱機械力控離子通道（mechanically gated channels），觸覺神經元就具有這類的離子通道。有些離子通道是受到化學物質控制，這個化學物質可能是細胞外的神經傳導物質，也可能是細胞內的鈣離子、cAMP、ATP或某個蛋白質。當離子通道與某化學物質結合，造成離子通道由關閉變開啓（較多的情形）或由開啓變關閉狀態（較少例子），稱化學物質控離子通道（chemically gated channels）。

電位控離子通道除了處在關閉或開啓的狀態外，還可能處在不活化狀態（inactivation state），處在不活化狀態的離子通道（功能上是關閉的）即使控制條件有利於離子通道的開啓（如去極化），它仍無法開啓。一般而言，在靜止時（resting）離子通道處於關閉狀態，因爲細胞膜電位改變（如去極化）而進入開啓狀態，由開啓狀態可回到關閉狀態或進入不活化狀態。處在不活化狀態需一段時間後或者經過再極化

（repolarization）的膜電位改變後才可回到關閉狀態，通常是
細胞膜電位持續去極化才容易觀察到不活化狀態的存在。我
們以下列式子代表這三種狀態之間的改變：

$$Closed \xleftrightarrow{\Delta Vm} Open \rightarrow Inactivated \xrightarrow[\Delta Vm]{time} Closed ;$$

ΔVm 代表細胞膜電位改變。

　　對一般離子通道而言，處在不同之電場強度下可測得不
同之電流量（圖 4-2），其電流與電壓關係由歐姆定律來規
範，呈線性關係；電壓增大代表驅使離子移動之作用力增
大，電壓正負符號代表作用力方向相反。但是對電位控離子
通道而言，它在某段電壓下並不合乎歐姆定律的預測，因爲
在那段電壓下不利於離子通道的開啓。

　　化學物質控離子通道的不反應狀態稱不敏感狀態（desen-
sitized state），和上述之不活化狀態相似。當化學物質控離子
通道與特定化學物質結合後，離子通道由關閉狀態進入開啓
狀態，可是當高濃度之化學物質持續存在時，離子通道便由
開啓狀態進入不敏感狀態，離子便無法通過。不敏感狀態的
進入牽涉到離子通道被細胞作化學修飾，在不同之化學物質
控離子通道有不同之機制，不能簡單地概括解釋。另外離子
通道如何由不敏感狀態回到靜止狀態也尚不清楚。

$$Closed \xleftrightarrow{Ligand} Open \rightarrow Desensitized \xrightarrow{?} Closed$$

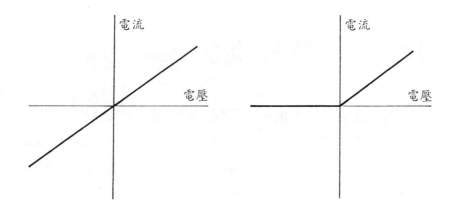

圖 4-2　離子通道之電流與電壓關係

依據歐姆定律（Ohm's law）；V＝IR，如果離子通道之導電度（電阻之倒數）保持固定，則電流與電壓之改變呈線性關係（如左圖）；如此之離子通道稱符合歐姆定律（ohmic）。但是大多數的離子通道並不符合歐姆定律（如右圖）；即在某電位範圍的改變並未造成線性的電流改變，也就是說離子通道之導電度在不同電位下並未保持固定。若是在某電位範圍時離子通道之導電度變小（如右圖之左半部），我們稱該離子通道有整流作用（rectification）。

第二節 ‖ 細胞膜電位（Membrane potential）

　　細胞膜電位的產生是因為細胞膜兩邊（即細胞內、外）有不同之離子組成，而且細胞膜為半通透膜（semipermeable membrane）又具有電容器（capacitor）性質。在靜止時神經元細胞外液含較多之鈉、氯、鈣離子，而細胞質中含較多之鉀離子、不可通透之有機負價分子（**表** 4-1）。分配的結果是細胞膜外有較多陽離子而細胞膜內有較多陰離子，所以在膜的兩邊造成電價隔離（charge separation），因此造成細胞膜內外有電位差，稱細胞膜電位。神經元靜止時細胞膜電位約是-60 mV至-70 mV（10^{-3} Volts，負值是相對於細胞外而言），可是當神經元從事活動時細胞內外離子組成發生變化，導致細胞膜電位產生變化。如果膜電位差變小（如-60 mV 變成 0 mV）稱去極化（depolarization），如果膜電位差變大（如-60 mV 變成-80 mV）稱過極化（hyperpolarization）。神經元若接受刺激性神經傳導物質作用，會造成去極化。反之若受到抑制性神經傳導物質作用則產生過極化或膜電位差不變。

表 4-1　神經細胞內、外離子組成（mM）

離子種類	細胞外	細胞內
鈉離子（Na^+）	150	15
鉀離子（K^+）	5	150
氯離子（Cl^-）	125	10
碳酸氫根（HCO_3^-）	27	8
有機陰離子（蛋白質）	－ －	155

　　細胞膜電位形成除了細胞膜兩邊具有電價隔離的因素外，另一重要因素是細胞膜具有電容器之特性。電容器之定義是二片導體板為一層薄絕緣體隔開；細胞膜兩邊均是水溶液屬導體板，而細胞膜之脂雙層結構是個良好的絕緣體（insulator），所以屬電容器的構造。電容器的特性是可充電（charge，即相反電價在二片導體板堆積）、放電（discharge，電價離開導體板），而且少量的電價隔離即可在兩邊造成相當大的電位差。

　　細胞膜內外不同的離子組成如何造成細胞膜電位？我們以簡單的系統即膠原細胞為例（圖4-3）。膠原細胞的細胞膜上僅有一種非控離子通道，它是鉀離子通道。細胞內外組成類似表上所列，細胞外是氯、鈉、碳酸氫根離子較多，而細

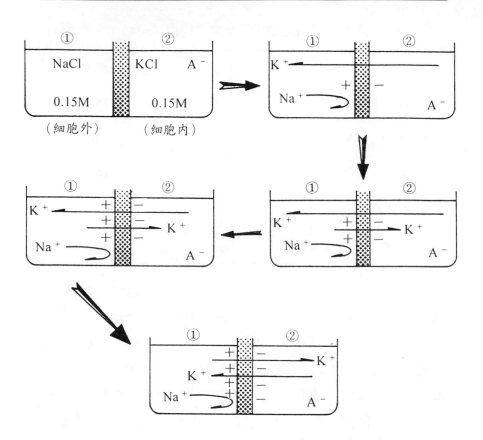

圖 4-3　平衡電位之生成

胞內是鉀離子及蛋白質濃度較高。對氯、鈉、碳酸氫根離子
而言，有往細胞內運動的傾向，但是細胞膜不具它們之通
道，所以進不到細胞。對鉀離子而言，就大大不同了！因為
細胞膜上有非控鉀離子通道，細胞內濃度較高自然往細胞外

平衡電位之生成有二個條件；一是半通透膜（膜狀結構僅允許部份溶質通過）及半通透膜所隔開的二個空間有不同之離子組成。在這二個空間各置入相同濃度之氯化鈉及氯化鉀溶液，此半通透膜僅對鉀離子通透，結果是鉀離子由高濃度往低濃度擴散；左邊之隔間開始有鉀離子的出現。但是鉀離子的出走並未伴著氯離子（因它不能通透），所以原先之電中性（在同一空間內含等數量之陰、陽離子）不再維持；左邊空間含較多陽離子而右邊空間含較多陰離子。這些多出來的陰、陽離子會因為相互之吸引力而堆積在膜的兩側，因此在膜的兩側造成電場，往後任何離子欲通過此半通透膜均會受到此電場作用力（膜電位差）的影響。此電場作用力逐漸因堆積在膜的兩側陰、陽離子的數量增加而變大，也逐漸減緩鉀離子由右至左之運動而反增加反向之運動，直到抵達平衡狀態。在平衡狀態時，由右至左運動之鉀離子（因為濃度差異）的數量與由左至右運動之鉀離子（因為電場作用力）的數量相同，而且可以永久維持，這時在半通透膜兩邊之膜電位差稱之平衡電位。一個細胞（膠原細胞）的細胞膜若僅對鉀離子通透（因為有鉀離子通道），則鉀離子之平衡電位就成了細胞膜電位。

擴散。但是鉀離子是個帶正電價的陽離子，當它的出走沒有伴隨著一個陰離子（蛋白質、氯離子）的出走就造成了細胞內有較多之負電價（陰離子）而細胞外有較多的正電價（陽離子，原先細胞內外之組成是電中性的）。因為電價隔離在

細胞膜兩邊，產生了膜電位，是內負外正的方向。這個膜電位建立之後對鉀離子由細胞內往細胞外擴散運動造成抗拒作用，因爲細胞膜內對鉀離子有吸引力而細胞膜外對鉀離子有排斥力。如此達到一個平衡狀態，鉀離子濃度梯度的驅力（driving force）與電位差對鉀離子排斥力二者作用力相等而作用方向相反，如此離開細胞的鉀離子數量與進入細胞的鉀離子數量相同，就建立了一個穩定的細胞膜電位（equilibrium potential，稱平衡電位）。有一個方程式稱 Nernst equation $E = \frac{RT}{zF} ln \frac{[K^+]_o}{[K^+]_i}$；E 是鉀離子細胞膜平衡電位，R 是常數（gas constant），T 是絕對溫度的度數，z 是電荷價位（鉀離子是一、鈣離子是二），F是法拉第常數（Faraday constant），$[K]_o$ 代表細胞外鉀離子濃度、$[K]_i$ 代表細胞內鉀離子濃度。這方程式說明了平衡時離子在膜內外濃度與細胞膜電位的關係，但僅適用於可通透的離子。

　　神經元細胞膜除了非控鉀離子通道還有非控鈉離子通道及非控氯離子通道，但是非控鉀離子通道的通透度較大，所以靜止時的神經元細胞膜電位（resting membrane potential）主要還是由鉀離子的內外濃度來支配。有一個Goldman equation 可描述它們之間的關係 $V_m = \frac{RT}{F} ln \frac{P_K[K^+]_o + P_{Na}[Na^+]_o + P_{Cl}[Cl^-]_i}{P_K[K^+]_i + P_{Na}[Na^+]_i + P_{Cl}[Cl^-]_o}$ ，P 代表通透度（permeability），其它符號意義與Nernst equation 同。Goldman equation 的意義：①所有的離子祇要是內外

濃度不同均可能對細胞膜電位有貢獻，貢獻大小決定於該離子之通透度大小，所以零通透度的離子毫無貢獻；②離子的內外濃度如果改變，或者通透度改變，細胞膜電位將隨之改變，改變的情形以Goldman equation可描述；③通透度最大的離子就是決定膜電位最主要的離子，在神經元就是鉀離子。我們如果回到膠原細胞的例子，細胞膜上僅有非控鉀離子通道，所以P_{Na}及P_{Cl}等於零，Goldman equation即可簡化而成Nernst equation。

　　神經細胞膜上非控離子通道有鉀離子通道、氯離子通道及鈉離子通道等，它的細胞膜電位較接近氯離子平衡電位，而不等於鉀或鈉離子平衡電位。對於氯離子而言，濃度梯度的影響造成氯離子由外往內運動，而膜電位的影響造成反向之運動，二者之數量相等。對鉀離子而言濃度梯度造成往外運動之數量較膜電位造成往內運動之數量來得多，因此淨反應是有鉀離子從細胞流出。對鈉離子而言，濃度梯度及膜電位的影響均造成鈉離子往細胞內堆積。驅使鉀離子往外運動之驅力（driving force；綜合濃度梯度作用力及膜電位作用力）遠小於驅使鈉離子往內運動之驅力，但是鉀離子通道之數目遠大於鈉離子通道之數目，造成之結果是離開細胞的鉀離子的數量大約等於進入細胞的鈉離子數量。因為神經元之細胞膜電位並不等於任一離子之平衡電位（雖然很接近於鉀離子及氯離子之平衡電位），所以對任一離子而言均非處在平衡

狀態；而是一種靠細胞能量維持的穩定狀態（steady state）。
細胞利用鈉/鉀離子幫浦持續地將鈉離子打出細胞及鉀離子打
入細胞，如此可維持穩定狀態。

第三節　神經脈沖（Nerve impulse）

　　神經脈沖或稱動作電位（action potential）它的產生需要
二種電位控離子通道的參與；分別是電位控鈉離子通道（voltage-gated sodium channel）及電位控鉀離子通道（voltage-gated potassium channel），前者之特性為快速活化（關閉到開啓）
及快速不活化（開啓到不活化），而後者之特性為緩慢活化
及緩慢不活化。當神經元受到刺激，造成去極化反應（圖
4-4），就開啓了電位控鈉離子通道及電位控鉀離子通道，因
為電位控鈉離子通道具有快速活化之特性所以首先開啓。鈉
離子因為細胞外濃度高而且細胞膜電位對它有向內之吸引
力，所以鈉離子往細胞內擴散，造成細胞內陽離子濃度上升
而進一步去極化，去極化又開啓了更多的電位控鈉離子通
道。但是電位控鈉離子通道的另一特性是快速不活化，便自
行關閉，所以一段時間後鈉離子不再進入細胞內。同時電位
控鉀離子通道也逐漸開啓，鉀離子細胞內濃度高原先是靠內
負外正的細胞膜電位留住，當細胞膜去極化後，膜電位留住

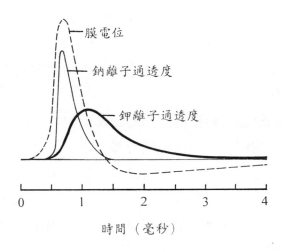

膜電位

鈉離子通透度

鉀離子通透度

時間（毫秒）

圖4-4　神經脈沖與離子通透度

神經脈沖的起始到完成約二至五毫秒，其間經過快速去極化、快速再極化及緩慢過極化等階段。快速去極化是因爲電位控鈉離子通道首先開啓（神經元先經歷了去極化刺激），導致鈉離子通透度增加及鈉離子由細胞外擴散進入細胞內，造成細胞膜電位更大之去極化，這個過程會重複進行，因爲更大之去極化會造成更多電位控鈉離子通道的開啓；這樣的現象稱正回饋（positive feed-back）。快速再極化是因爲電位控鈉離子通道逐漸進入不活化狀態，而且電位控鉀離子通道也逐漸開啓，造成鉀離子通透度增加及鉀離子由細胞內流出，因此造成再極化。當所有的鈉離子通道都進入不活化狀態或回到關閉狀態，而仍有部份鉀離子通道仍處在開啓狀態時（因鉀離子通道的特性是緩慢活化及緩慢不活化），便進入過極化階段。

它的作用力減小，導致鉀離子向外擴散，細胞內陽離子濃度開始下降，造成再極化（repolarization）反應，漸將細胞膜電位拉回到靜止時之數值，甚至更低於原膜電位（hyperpolarization），如此在 1-2 毫秒（千分之一秒）時間內完成一次動作電位的變化。

可是我們討論的動作電位的變化僅侷限在一個定點上，例如神經元細胞體上的一點、軸突基部上，這個動作電位如何向軸突端結方向傳遞呢？嚴格而言，動作電位本身並不傳遞而是在一個定點上作去極化、再極化、過極化反應（圖4-5）。動作電位的傳遞事實上是某定點之動作電位引發鄰近部位產生動作電位，然後依序蔓延下去，看起來像是動作電位在軸突上傳遞。當一個動作電位產生時，去極化的結果是因為這個部位陽離子（正電荷）增加，鈉離子若往鄰近部位擴散開來，會造成鄰近部位正電荷增加，也就是去極化，此時亦會開啟鄰近部位之電位控鈉離子通道，造成大量之鈉離子進入細胞，引發另一個完整之動作電位，如此可將動作電位往下傳遞。但是電位控鈉離子通道會進入不活化狀態而且電位控鉀離子通道處於開啟狀態的時間較久，導致動作電位剛發生過的點在短時間內不再產生動作電位，如此動作電位之傳遞是單方向的。

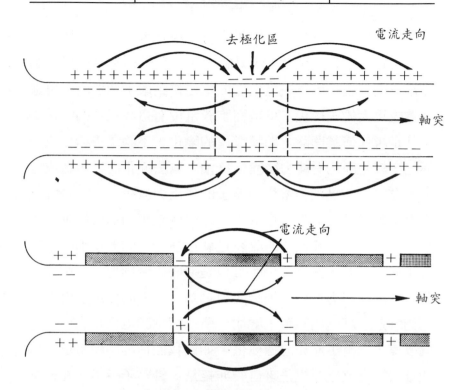

圖 4-5　動作電位的傳遞

在一定點上發生動作電位時必先造成相當大之去極化，此時這定點之膜電位與鄰近之膜電位不同，它們之間便有電位差，造成電流使得鄰近處去極化，引發了另一波動作電位（上圖）。有些神經元軸突（myelinated fiber）外包髓脂鞘呈多個片段，在片段間有一髓脂鞘稱蘭氏結，祇有在蘭氏結的細胞膜才有電位控鈉離子通道及電位控鉀離子通道。此外，髓脂鞘具有絕緣作用，使離子通道無法運作。所以在有髓脂鞘的軸突動作電位僅發生在蘭氏結處，當它產生動作電位時造成鄰近之蘭氏結去極化，繼而產生動作電位，如此之動作電位傳遞稱跳躍式傳遞（saltatory conduction）。

　　接著討論的是動作電位產生時之決定因素，先介紹一個名詞：Threshold，有翻譯爲閾值，在此我們稱它爲門檻。動作電位之引發是因爲去極化造成電位控鈉離子通道的開啓進而造成更大的去極化，可是細胞膜電位有自我維持的特性；也就是說任何離開靜止期膜電位的變化，不論是去極化或過極化，細胞膜均有能力將變化抵消。以去極化而言，造成之影響有二；一是細胞留住鉀離子的作用力減少、另一是細胞內對鈉離子進入的作用也減少，這兩個效應均造成細胞內陽離子減少，因此膜電位的改變是朝過極化方向而抵消掉原先之去極化影響。對過極化而言也是造成二個影響；細胞留住鉀離子的作用力增大及細胞內對鈉離子進入的作用也增大，它們均造成細胞內陽離子增加，所以細胞膜電位往去極化方向改變，抵消了原先的過極化；如此我們稱細胞膜電位可自我維持。上述之特性是來自於非控鈉、鉀離子通道。在去極化的影響可多考慮電位控鈉、鉀離子通道。去極化可多開啓這二個離子通道，開啓了電位控鈉離子通道會造成更大之去極化，而開啓了電位控鉀離子通道會造成過極化。所以有利於使去極化變成更大去極化的因素僅有一個（電位控鈉離子通道的開啓），不利因素卻有三個。所謂門檻值指去極化之程度可造成更大去極化之臨界值，在大於這個臨界值以上之去極化均可造成動作電位，在這個臨界值之去極化開啓的電位控鈉離子通道的去極化作用剛好大於其它三個因素的過極

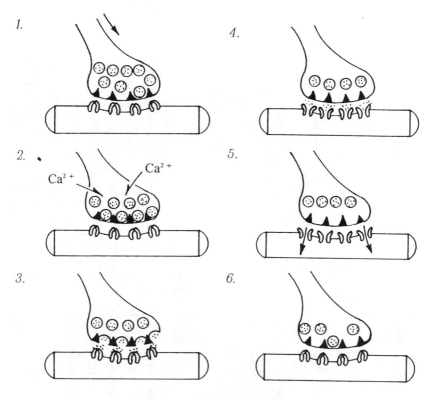

圖 4-6　突觸之神經傳導

觸前神經元產生之動作電位經軸突往端結傳遞(1)，抵達端結後造成
端結胞膜電位強烈去極化，進而開啓電位控鈣離子通道，導致細胞
外鈣離子進入細胞內(2)。由於細胞內鈣離子濃度上升引發了釋放顆
粒與細胞膜融合，進行胞吐作用將釋放顆粒內含物（神經傳導物質
等）釋放出(3)。神經傳導物質經擴散作用與觸後神經元上之受體結
合(4)，導致觸後神經元可控離子通道的開啓(5)，造成觸後神經元的
興奮並產生動作電位(6)，假設在此作用之神經傳導物質屬興奮性作
用）。

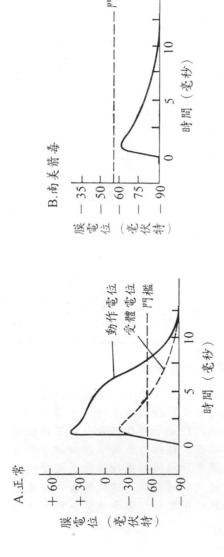

A.正常

膜電位（毫伏特）
+60
+30
0
-30
-60
-90

時間（毫秒）
0　　5　　10

動作電位
受體電位
門檻

B.南美箭毒

膜電位（毫伏特）
-35
-50
-60
-75
-90

時間（毫秒）
0　　5　　10

門檻

圖 4-7　受體電位

骨骼肌受到運動神經元的支配，運動神經元可釋放乙醯膽鹼造成肌肉細胞興奮並產生動作電位。乙醯膽鹼作用在肌肉細胞上稱子通道型受體，在骨骼肌細胞去極化又稱 end-plate potential），導致動作電位的產生。在正常狀況受體電位與動作電位發生時間差很短，因此在肌肉細胞膜電位之改變無法分辨二者（如 A

圖之實線所示）。南美箭毒（curare）可佔據乙醯膽鹼受體，使乙醯膽鹼無法作用，使用適當濃度可部份抑制乙醯膽鹼之作用。因此乙醯膽鹼仍可造成受體電位，祇是程度變小而此比較小之去極化就無法成功一次跨以達到引發動作電位，也就是說較小之受體電位不足以跨過門檻而引發動作電位，因此我們才可清楚地觀察到受體電位（如 B 圖）。

受體電位

化作用。

　　神經突觸（synapses）有二種型態；一稱化學式突觸（chemical synapses），絕大部份是屬於這種、另一種稱電傳式突觸（electrotonic synapses），當二個或多個神經元以 gap junction 互相連通，一個神經元之去極化（或動作電位）可馬上造成相連細胞之去極化，因為陽離子可以經擴散作用通過 gap junction。

　　對化學式突觸而言，當動作電位傳到軸突端結時（圖4-6），造成端結上電位控鈣離子通道（voltage-gated calcium channel）的開啟，細胞外原先鈣離子濃度就較高而且細胞膜電位也有把鈣離子往細胞內吸引的作用力，所以鈣離子往端結內擴散。鈣離子濃度因此上升，引發了一些生化反應，造成神經傳導物質由釋放顆粒中釋放到端結外。當神經傳導物質在突觸縫擴散到另一神經元，結合到受體，可能造成一個化學物質控離子通道的開啟造成受體電位（receptor potential），或造成細胞生化反應，影響另一神經元之活性，達到訊息傳遞之目的。在運動神經元與骨骼肌細胞間突觸（稱 neuromuscular junction）是個較特殊的化學式突觸（圖4-7），每一次運動神經元釋放之乙醯膽鹼造成之受體電位均可跨過門檻，在肌肉細胞造成動作電位。一般之化學式突觸之受體電位都很小，需整合很多去極化之受體電位才可跨過門檻。

Siegelbaum, S.A. and Koester, J. (1991). Ion channels. In E.R. Kandel, J.H. Schwartz, and T.M. Jessell (Eds.), *Principles of neural science*, 3rd ed. New York: Elsevier Science Publishing Co., pp. 66-79.

Koester, J. (1991). Membrane Potential. In E.R. Kandel, J.H. Schwartz, and T.M. Jessell (Eds.), *Principles of neural science*, 3rd ed. New York: Elsevier Science Publishing Co., pp. 81-94.

神經系統與初級功能

嚴震東

第一節　前言

　　說明過腦的重要性和神經細胞的型態與功能後，這部分要介紹的是神經解剖（neuroanatomy）及神經生理（neurophysiology），包括腦的組織結構及其執行的基本功能（感覺及運動）。

　　先以宏觀的角度來看腦與心的問題。在此腦（brain）指的是神經系統（nervous system），包括脊髓（spinal cord），周圍神經系統（peripheral nervous system）及感覺器官（sensory organ）……等。神經科學的基本假設是腦產生了感覺、運動、本能、心智行為及情緒，後二者即是所謂的心。而此部分的課程則集中討論感覺及運動這部分的功能。先由神經解剖談起，再進入腦的功能。

第二節　神經解剖

　　神經系統中最顯著的就是腦（圖 5-1）。據估計腦中大約有 10^{10} 個神經細胞（數百億個），人的行為就由此數百億個神經細胞彼此連結而產生。腦與脊髓合稱為中樞神經系統

（central nervous system），中樞神經系統藉著神經與周圍世界聯絡。

A　　　　　　　　　　　　　　**B**

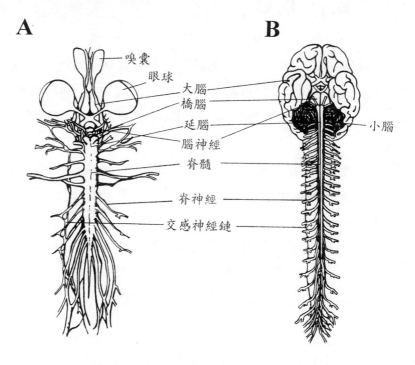

嗅囊
眼球
大腦
橋腦
延腦
腦神經
脊髓
脊神經
交感神經鏈
小腦

圖 5-1　蛙（A）和人（B）的神經系統

一、周圍神經系統

神經遍佈軀幹及內臟，位於軀幹的神經只含有神經細胞

的軸突,而位於內臟的神經則含有相當數量的神經細胞,這些神經細胞一群一群聚集在一起,稱爲神經節(ganglion),這些神經及神經節合稱周圍神經系統。神經中主要是神經纖維。每根神經中的神經纖維的數目從數百至數萬不等。這些神經細胞有的負責感覺,有的負責運動,有些則負責內臟功能。所以神經裏可能夾雜著不同種類的神經纖維。神經細胞的構造已在前一章中說明,爲了增強了解神經細胞與神經纖維的關係,再以運動神經細胞爲例來說明,其細胞本體在脊髓,有許多樹突及一根細長的軸突,延至神經內就是神經纖維。許多軸突聚集形成白色的神經。以圖示的方法來看(圖5-2),其細胞本體位於脊髓,經過很長的軸突,其神經末稍接於肌肉上。一個細胞本體大小約 30 μm(10^{-6}m),而神經纖維則延長至肌肉,其長度由數公分至一公尺不等。就比例而言,神經細胞若有盤子大小,則其軸突可伸長至操場。內臟裏的運動神經細胞也類似此情形,但它有兩層神經細胞,有一些神經節作爲中間轉接站,接受來自腦或脊髓的訊息,再傳至內臟、肌肉或腺體,而影響內臟的運動、分泌等自主神經的功能。

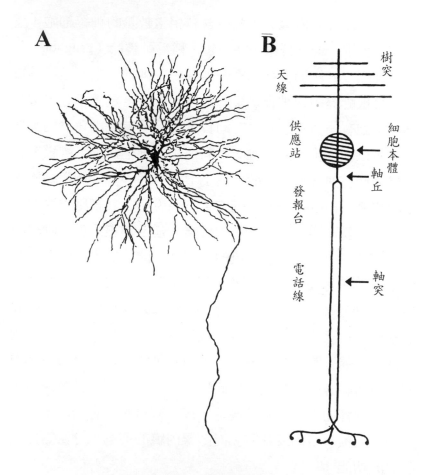

圖 5-2　**神經細胞**

A 為一個真實的細胞，B 為其功能示意圖

二、中樞神經系統

當我們進入中樞神經系統時，首先要介紹的是神經核（nucleus，又稱腦核）的觀念。在中樞神經系統中相似功能的神經細胞的細胞本體聚集在一起，即稱神經核，相對於周圍神經系統中的神經節。在此以迷走神經的神經核為例。將染料打入迷走神經，隨後神經細胞被染出來，發現其細胞本體聚集於一小區域，即延腦中迷走神經核（圖5-3）。可以想

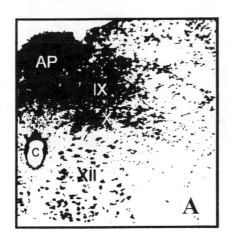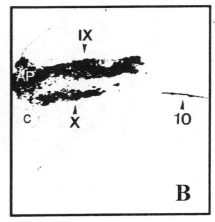

圖 5-3　延腦中的迷走神經核

（A）延腦中間上方的一小部份，以染神經細胞的方法染色。（B）同樣的延腦切片預先以另一種染料打入迷走神經，特別染出迷走神經（10）及迷走神經核（X）。其他的簡寫為：AP：area postrema；C：central canal；IX：第九腦神經核（NTS）。

見，其它神經亦有位在不同區域的神經核。再看脊髓（圖
5-4），它被脊椎骨包圍，有許多神經出入，可控制肢體或內
臟的運作。脊髓本身包括一蝴蝶狀結構的中心，外圈白色，

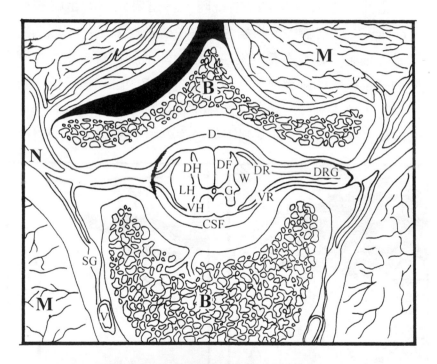

圖 5-4　在脊椎骨內的脊髓及其神經

脊椎骨及脊髓橫斷面，背部在上方，腹部在下方。B：脊椎骨；
CSF：腦脊髓液；D：硬腦膜；DR：背根；DRG：背根節；G：灰
質；LH：側角；M：肌肉；N：脊髓神經；DF：背神經索；DH：背
角；SG：交感神經節；V：靜脈；VH：腹角；VR：腹根；W：白質。

充滿神經纖維。蝴蝶狀結構顏色較深，為神經細胞本體聚集
處，是脊髓的灰質（gray matter），內有許多神經核，分別主
管不同的功能。脊髓的感覺神經元與運動神經元的軸突分別
由背腹相反兩側進出，在脊髓外聚集成一對對的脊髓神經。

　　腦的結構，可分為前腦，中腦，後腦，後接脊髓（**表** 5-1）
。前腦可分為大腦和間腦兩部分。中腦又分為上丘及下丘。
對人而言，中腦相當小，但對兩棲類或魚類而言，中腦卻是
相當重要的部分，負責視覺及聽覺的功能，上丘負責視覺，
下丘負責聽覺。在兩棲類或魚類，上丘為視覺中心，下丘為
聽覺中心。中腦在哺乳動物則專司視覺或聽覺反射。後腦又

表 5-1　**脊椎動物腦的分區**

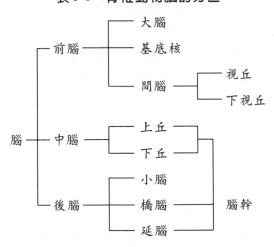

可分爲小腦（cerebellum），橋腦（pons）和延腦。中腦，橋腦和延腦合稱腦幹。橋腦負責大腦與小腦間之聯絡。再下來是延腦（medulla oblongata），爲生命中樞，負責心臟的跳動，血管的收縮及呼吸的進行，是生命韻律所在之處。在前腦處作橫切面，除了大腦，可見深層的間腦，其內有許多腦核，形成深淺不一的顏色。間腦有兩部分，上面的部分爲視丘（thalamus），下面的部分則稱下視丘（hypothalamus）。視丘是訊息進出大腦皮層的門戶，所有的感覺都要進出視丘，大腦發出的命令也要在視丘留下痕跡。下視丘負責內分泌的調節，其下爲腦下垂體。腦下垂體是內分泌的中樞，指揮性腺、腎上腺、甲狀腺等，而腦下腺又接受下視丘的指揮，所以下視丘是內分泌功能的樞紐。另外要談的是基底核（basal ganglia），又稱紋狀體（striatum），是大腦下方的一部分，與小腦一樣，跟運動功能有關。在皮層處，最大的區域是新皮層（neocortex），爲最後演化出之區域。而接近鼻子處爲舊皮層，至於海馬迴（hippocampus）及杏仁核（amygdala）所在之處爲古皮層。古皮層，舊皮層及新皮層都有分層的現象，古皮層分爲三層，舊皮層分爲四層，而新皮層最複雜，有六個層次。一般指的大腦皮層是新皮層。大腦皮層非常發達，又可分爲頂葉（parietal lobe），枕葉（occipital lobe），額葉（frontal lobe），顳葉（temporal lobe）四部分。視覺大腦皮層即位於枕葉，而觸覺大腦皮層則在頂葉最前方緊接著中

央溝，聽覺大腦皮層在顳葉上端，味覺中樞亦在頂葉部分。

圖 5-5 將以上介紹的腦中各部分以示意圖顯示它們的位置，再以感覺、運動及自主神經系統三個功能的角度來看神經系統構造。

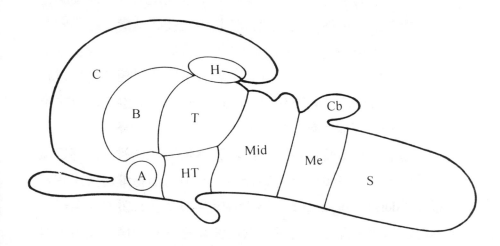

圖 5-5　**中樞神經系統示意圖**

C：大腦皮層；B：基底核；A：杏仁核；H：海馬迴；T：視丘；
HT：下視丘；Mid：中腦；Me：延腦；Cb：小腦；S：脊髓。

三、感覺神經系統

在感覺系統方面（**圖** 5-6），我們介紹幾種感覺。第一種是視覺。光線射到眼睛內的視網膜，視網膜的消息會從視神

經傳進大腦，先到視丘內的側膝核（lateral geniculate nu-
cleus），再傳到大腦皮層的枕葉後方的視覺大腦皮層。另有
一些會由視神經傳到上丘。上丘是視覺系統很重要的一部
分，掌管不少與眼睛有關的反射，會控制眼睛的運動，也控
制一些脖子的反射，這些都是經過中腦或延腦內的運動神經
細胞所產生。另外它也會影響延腦內的網狀結構，延腦內有
很多腦核，這些腦核有的是腦神經的腦核，但其它大部分都
是渾沌未開的地方，神經細胞本體與軸突交錯在一起，這些
地方稱為網狀結構（reticular formation）。這網狀結構在延
腦、橋腦、中腦都有。

　　接下來介紹觸覺系統，或身體感覺的系統。身體感覺纖
維遍佈各處。身體感覺的感覺神經細胞的細胞本體聚集在背
根節（dorsal root ganglion），軸突跑到外面去接受身體各部位
觸覺、痛覺、溫覺的消息，然後像觸覺，直接傳到延腦，再
從延腦的腦核轉到視丘，視丘再轉到在頂葉的觸覺大腦皮
層。在視丘內體感覺的腦核稱為腹後核（ventroposterial nu-
cleus），在延腦的腦核為背索核（dorsal column nuclei）。痛
覺與溫覺的消息也是由背根節細胞的軸突收集，傳進來會先
在脊髓的灰質內，然後延著脊髓－視丘的徑路到達視丘，再
由視丘進入觸覺大腦皮層。這條路上常有一些分枝，這些分
枝就會進入網狀結構中。網狀結構也經過許多突觸，進到視
丘內，所以觸覺系統有二種傳入方式，一種是雙突觸的，非

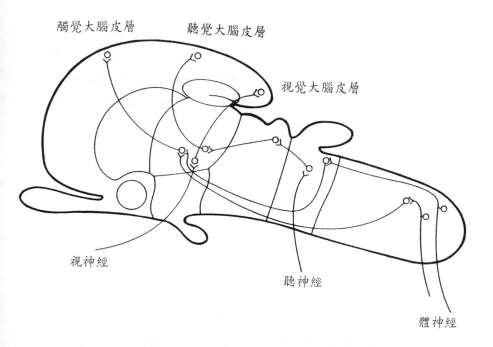

圖 5-6　視覺、聽覺及觸覺的神經路徑

常快速的將消息傳入大腦皮層；另一種是換了鄉間小路，轉來轉去也送到大腦皮層。

　　再來是聽覺系統，聲音由耳朵進入，耳朵內耳蝸的感覺神經細胞搜集聲音的訊息送到延腦，延腦會經過幾個突觸也送到視丘來。視丘聽覺的部分是內膝核（medial geniculate nucleus）。由內膝核會送到顳葉的聽覺大腦皮層。這個路徑上

也會分枝送到網狀結構上。網狀結構綜合了各式各樣感覺消息。從工程的角度來看，它能傳什麼消息也難講，因爲它接收的訊息又多又雜。但是我們發現它會形成一個功能上的單位：Reticular activating system（RAS），RAS 與我們的清醒、睡眠很有關。若 RAS 活化起來就會使得我們清醒過來。所有的感覺傳入訊號在送到大腦皮層前，都需要經過視丘，嗅覺系統是唯一例外，它沒有經過視丘，因爲它的皮層就在嗅神經的後面，它從接受器接到訊息後，就直接從嗅囊裏的神經細胞傳到大腦皮層，舊的大腦皮層。

四、運動神經系統

下一部分提到運動神經系統（圖 5-7）。運動神經系統的主角是運動神經細胞，或稱運動神經元。脊髓中的運動神經元在脊髓灰質的腹側位置，它的神經纖維，即軸突，由脊髓的腹根傳出，直接到達骨骼肌上指揮骨骼肌。在延腦和中腦內也有些運動神經元，它們是經由腦神經出來。這些腦神經指揮眼睛運動或臉上肌肉的運動。

在感覺神經系統中，我們可以將整條路徑找出來，每種感覺都有專屬的神經徑路，在這些專屬神經徑路上的細胞可以歸爲感覺神經細胞。在運動神經系統就很難了。例如脊髓內，在運動神經細胞上面一層的細胞，究竟是感覺還是運動

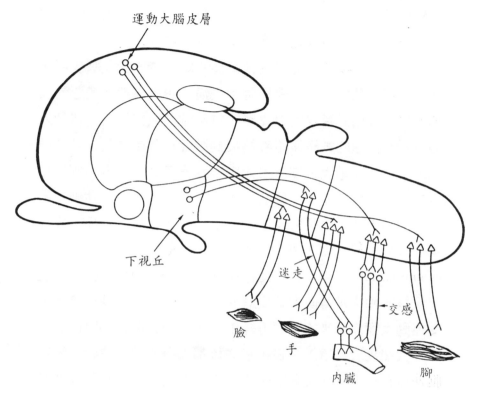

圖 5-7　運動神經系統及自主神經系統中的運動神經元

就已經含混不清。因為它很可能在接受感覺神經細胞傳入的
消息，然後再接到運動神經細胞上，產生一個反射弧。所以
這個細胞究竟算感覺系統或運動系統，難以分別，我們叫這
些細胞為聯絡神經元。神經系統中絕大部分的神經細胞都是
聯絡神經元，若有 100 億個神經細胞，其中也許有 1/10 歸為

感覺神經細胞。運動神經細胞非常少，也許百萬個，佔非常
小的百分比，聯絡神經細胞佔了近百分之九十。

　　腦中有一個部分是與運動必然有關的：運動大腦皮層。
在頂葉與額葉間，分界線是個中央溝。中央溝前面是運動大
腦皮層，後面是觸覺大腦皮層，這兩個區域很接近。運動大
腦皮層有快速的神經徑路直接接到腦幹和脊髓的運動神經細
胞上。當然運動大腦皮層的輸出也到許多其它地方，例如它
會接到基底核部分，也會進入視丘，也會進入與運動神經系
統有關的橋腦，橋腦再連接上小腦，小腦再接回視丘。視丘
中與運動有關的腦核稱腹前核及腹側核（ventral-anterior 及
ventral-lateral nuclei）。像其它視丘上的腦核一樣，腹前核及
腹側核的軸突是傳向大腦皮層的。基底核也像小腦一樣，接
受運動大腦皮層來的訊息再經由視丘中的腹前核和腹側核又
傳回大腦皮層。所以小腦和基底核都沒有直接和運動神經細
胞連接在一起，並沒有緊密的連接，叫它們為運動神經系統
的一部分是因為功能上的關係。我們可以利用毀除的實驗，
驗證它與運動神經系統較為有關。

五、自主神經系統

　　下一個部分是自主神經系統（圖 5-7）。自主神經系統平
常不由我們意志控制（「不由自主的」）。這些部分包括我

們身上的血管、汗腺、消化道、腺體等。它們接受交感神經或副交感神經的控制。交感神經系統的運動神經細胞主要在胸髓的部分，胸髓部分出來後，還須經交感神經節，在交感神經節內轉接另一個運動神經細胞。所以有兩層細胞指揮我們的腺體、血管、平滑肌、心臟肌。另一個部分是副交感神經系統。副交感神經系統，一部分是迷走神經，它的運動神經細胞在延腦，指揮我們胸腹腔的內臟。另一部分是薦髓的一小部分，這一小部分指揮我們的生殖器官、泌尿器官，這些也會送到器官旁的神經節中，再轉接下一層的運動神經細胞。

　　自主神經系統運動神經元接受誰的指揮？很重要的就是下視丘。下視丘內的細胞也有一個直接的徑路連接下視丘與交感神經跟副交感神經的運動神經細胞。但是最多的還是經過許多層突觸的連接，其中很重要的轉接部分在延腦，我們的生命中樞。血壓及體溫的控制很重要的一部分要透過延腦的神經細胞才能控制我們的平滑肌、心臟肌跟腺體。下視丘和海馬迴有直接的聯繫。海馬迴接受的是聯絡大腦皮層來的訊息。知覺或運動大腦皮層要通過曲曲折折的路徑才能指揮到下視丘，才能影響我們的腺體、平滑肌和心臟肌的部分。

　　舉個例子來看看自主神經系統怎麼操作。自主神經系統經過交感神經及副交感神經來控制心臟。我們緊張焦慮的時候，會藉著交感神經使我們心肌運動加速，收縮力增強。副

交感神經則是有相反的作用，它會使心臟速度減慢，收縮力降低。但除非是特殊的人接受過特殊的訓練，不然通常無法叫自己的心跳快或跳慢。這個例子可以跟運動神經系統比較一下，運動神經系統中運動大腦皮層直接指揮例如手指的運動神經細胞，這運動神經細胞的神經末梢就直接接在手指肌肉上，所以它就可以作到一個命令一個動作，你要彎曲就彎曲，你要伸直就伸直，這是很大的不同。

║第三節║　感覺

我們熟知的感覺有眼耳鼻和口的視覺、聽覺、嗅覺、味覺，以及全身各處的觸覺、痛覺和溫度的感覺。有一些感覺較少去想到（但並不表示不重要！），例如平衡覺，本體感覺，還有一些平常沒有感覺的感覺像血壓，血糖，體液濃度等。它們的大類及一些重要的次類別分別列在**表** 5-2 中。

一、感覺的基本原理

由**表** 5-2 的簡單描述中，已經可以看出幾項感覺的基本原理：①不同種類的刺激，經過身體中特殊的感覺接受細胞偵測處理後，經由獨立的中樞徑路傳到大腦皮層，產生感

覺；②主要感覺類別通常有不同的感覺器官。②感覺的次類
別的產生，是由於在同一感覺器官中有不同的感覺接受細胞。

　　其中①點整理了整個感覺的發生過程，由環境中的聲光
熱力的變化，經由在身體內外各處的特殊感覺細胞偵測轉變
成電訊號，經過特殊的中樞徑路傳到不同部位的大腦皮層，
經由大腦皮層的處理產生感覺。例如，視覺的發生是光線的
刺激，由眼睛網膜裏柱狀細胞或錐狀細胞將光子的能量捕捉
下來，轉變成膜上電壓的變化，這個電的訊號再經由視神經
和視覺徑路傳送到視覺大腦皮層，產生感覺。同樣的，聽覺
的發生是由內耳耳蝸裏特殊的音波震動的接受細胞偵測到聲
音，發出電訊號，經由聽神經內的耳蝸神經部分傳到延腦，
再經由聽覺徑路傳到聽覺大腦皮層處理，產生聽覺。除了
觸、痛、溫、本體覺之外，每種感覺的感覺神經及中樞徑路
都是獨立不同的（平衡覺和聽覺雖然都是第八對腦神經，但
一個是前庭神經部分，一個是耳蝸神經部分）。

　　所謂感覺的次類別是同一種感覺之中很清楚的不能轉換
的不同特質。像甜就是甜，苦就是苦，不會太甜了就變成
苦，也不會苦少了就變成甜。對於不同的感覺通常有特殊的
感覺器官，對於不同的感覺次類別則通常是同樣的感覺器官
內，有不同的種類的感覺接受細胞。例如在皮膚下面有許許
多多的接受器，有的在偵測壓力的大小，有的在偵測壓力的
變化。

表 5-2　感覺的主要類別

感覺	刺激	感覺器官	感覺次類別	感覺細胞	感覺神經	中樞感覺經路
視	光	眼	黑白、彩色	網膜中柱狀細胞、錐狀細胞	視神經	II→LGN→VC
聽	聲	耳	高低音階	耳蝸中纖毛細胞	聽神經	VIII→延腦→中腦→MGN→AC
嗅	化學	鼻	許多種	黏膜上接受細胞	嗅神經	OB→I→OC
味	化學	口	酸甜苦鹹	味蕾中不同的接受細胞	舌咽神經、顏面神經及迷走神經	VII, IX→延腦→中腦→VPM→TA, X
觸	壓力	皮膚	壓力,碰觸,振動	皮膚下不同種類的接受器	三叉神經及脊髓神經	脊髓神經→脊髓或延腦→VPL→SC, V→延腦→VPM
痛	傷害	全身各處		傷害警測末梢	三叉神經、脊髓神經及自主神經	同上
溫度	溫度	皮膚	熱,冷	皮膚下冷熱感測末梢	三叉神經及脊髓神經	同上
本體	角度、位置	肌肉、關節		關節及肌肉中的接受器	三叉神經及脊髓神經	同上
平衡	重力加速度	內耳迷路	旋轉及水平	迷走路中毛細胞	迷走神經及舌咽神經	VIII→延腦→小腦、網狀結構
內	力		血壓	大血管上壓力接受器	迷走神經及舌咽神經	IX →延腦, X
	化學		氣體	氧,二氧化碳及酸鹼度接受器	迷走神經、舌咽神經等	同上
			血糖	醣接受器		下視丘
			體液濃度	濃度接受器		下視丘

二、視覺的例子

　　上面是基本原則以下舉視覺的例子來再做說明。眼睛是視覺的感覺器官（圖 5-8A），光線通過了眼睛的角膜，瞳孔，經過水晶體的聚焦，呈像在網膜上。網膜上有許多神經細胞，這些神經細胞除了感受細胞、聯絡神經細胞之外，還有視神經的神經細胞——節細胞（ganglion cell）。節細胞的軸突就是視神經的神經纖維，進入腦中。

　　網膜中的光線接受細胞有兩種——柱狀細胞（rod）和錐狀細胞（cone）。他們的細胞膜都特別的增生，產生許多的皺摺。在柱狀細胞皺摺的膜上鑲嵌了許多特殊的分子——視紫質（rhodopsin）來接受光子的能量。當光線照射到視紫質，會使視紫質分子形狀改變，這個分子形狀的改變，會引發細胞裡一連串的變化，造成接受細胞的膜電壓變化，也就是將光線的刺激轉

註：視丘中的腦核－LGN：側膝核；MGN：內膝核；VPM：腹內後核；VPL：腹側後核

大腦皮層－VC：視覺大腦皮層；AC：聽覺大腦皮層；OC：嗅覺大腦皮層；TA：味覺

區域；SC：觸覺大腦皮層

Ⅰ、Ⅱ、Ⅴ、Ⅶ、Ⅷ、Ⅸ及Ⅹ為腦神經

OB：嗅囊

成了電訊號，再去影響視覺路徑裡的下一層次的神經細胞。

　　柱狀細胞和錐狀細胞除了形狀不同之外，最重要的不同是含有不同的吸光分子，柱狀細胞內的視紫質對 500 nm 波長的可見光（綠色）最敏感，而錐狀細胞則有三種，分別含有紅、綠及藍的色素分子，對紅光、綠光或藍光敏感。這些吸光分子的構造都極為類似，都是一個維他命 A（retinal）的部份加上一個蛋白質分子。因為蛋白質的構造略有不同，影響了維他命 A 的吸光性質，產生不同的吸光色素。

　　柱狀細胞在網膜上的分佈也與錐狀細胞不同（圖 5-8B）。錐狀細胞主要密佈在網膜正對著瞳孔的正中間稱為黃斑的位置，所以我們在光線充足的環境中，大部分情形是使用錐狀細胞的彩色視覺系統。柱狀細胞在網膜正中央較少，反而在正中央周圍最多，然後遍佈整個網膜。這也是為什麼在黑夜裡看黯淡的星星，正視反而不如稍微斜視看得更清楚。

　　網膜上光線的接受細胞受到光線的刺激後，產生膜電位的變化。這一個細胞膜的變化相當於將空間中一點的光線強弱和色彩的訊息捕捉下來。網膜上有非常多的感光細胞，遍佈整個網膜，每平方毫米中可以高達 15 萬個細胞。整個網膜中上億個感光細胞隨時將視野（圖 5-9A）中的影像拍成電訊號的影片，影片中的每一個相片都有很高的解析度。

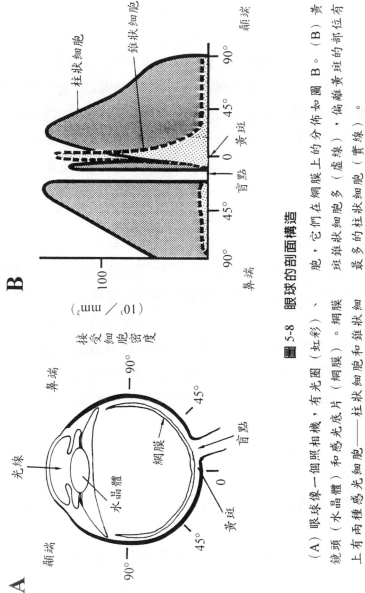

圖 5-8　眼球的剖面構造

（A）眼球像一個照相機，有光圈（虹彩）、鏡頭（水晶體）和感光底片（網膜）。網膜上有兩種感光細胞——柱狀細胞和錐狀細胞（它們在網膜上的分佈如圖 B）。（B）黃斑上錐狀細胞多（虛線），偏離黃斑的部位有最多的柱狀細胞（實線）。

　　網膜上感光細胞層捕捉到的是周圍世界色彩和亮度的平
面相片，如何產生我們視覺中的形狀、深度、移動以及認知
呢？就需要視覺路徑及視覺大腦皮層的一起運作了。

　　網膜中除了感光細胞以及視神經的節細胞，還有頗為複
雜的神經網路。感光細胞層收集的訊息先在網膜中做初步的
處理，才經由視神經送往中樞神經系統。沿著視覺路徑傳入
的視覺訊息，也會在側膝核、初級視覺大腦皮層、高級視覺
大腦皮層……中一步步的做進一步處理。這些處理的過程可
以用細胞記錄的方法來研究分析。

　　前面提到一個感光細胞捕捉在視野裡一小點位置上的亮
度（圖 5-9B），也就是說當視野裡這個小點光線的強弱如果
發生了變化，這個感光細胞的膜電壓也會隨之高低起伏。同
樣的我們可以測量節細胞對光線的反應情形。因為一個節細
胞經過網膜中的神經網路，收集了許多感光細胞的訊號，所
以視野裡會影響一個節細胞的小點面積增大了。不僅如此，
接到節細胞上的感光細胞有的在興奮節細胞，有的在抑制節
細胞，綜合起來，一個節細胞在視野中的接受區域（receptive
field）成一同心圓，以圖 5-9C 的例子來說，中間一小塊興奮
區域，周圍一圈抑制區域。顯示出節細胞對於接受區域內的
光訊息已經做了初步的處理，節細胞對於亮度的絕對強度雖
然有反應，但對光線亮度的對比更為敏感。綜合以上的討
論，網膜上的感光細胞接收視野中特定位置的色彩及亮度的

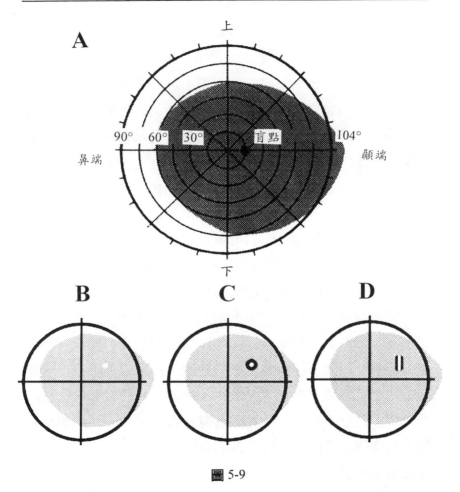

圖 5-9

（A）右眼的視野（黑色區塊）。（B）一個接受細胞的接受區域
為視野中的一小點（億萬分之一）。（C）一個節細胞的接受區
域為興奮區（白）和抑制區（黑）的同心圓，其大小約為視野的
百萬分之一。（D）一個初級視覺大腦層的接受區域為視野中的
一小塊長條區域。

訊息，這些訊息經過網膜的神經網路處理後，再由節細胞將位置上的色彩、亮度以及對比的訊息經由視神經傳向大腦。

在視覺大腦皮層的第一站中還有非常少數的一些接受區域為同心圓的神經細胞，不過絕大多數的神經細胞的接受區域已經有了轉變。有些神經細胞的接受區域變成長柱形（圖5-9D），這些柱子有特定的方向。換而言之，視覺大腦皮層中，神經細胞對視野中光柱的方向有選擇性，只有特定的方向能引起它強烈的反應。

從同心圓到特定方向的特定長短的長柱形，進而到任意位置中的特定形狀，視覺大腦皮層一步步的在看見的事物中抽取出特定形狀的訊息。在猴腦中的高階層視覺區域中，更有研究者發現對飼養人或特定物體，例如香蕉，有反應的神經細胞。因此有一種認知的假說認為我們能認得的人或物在腦中都有一個或一群細胞在專門負責，只要這個細胞活躍起來，我們就感知它負責的人或物。例如，假設我們腦中有這麼一個「祖母細胞」，當祖母出現在眼前興奮了這個祖母細胞，就會認出祖母。祖母也不必真的出現，只要祖母細胞興奮活化了，腦海中就會浮出祖母的意象。

初級視覺大腦皮層也對兩眼傳入的訊息做了初步的整合。在網膜或側膝核中，所有神經細胞只對特定的一隻眼睛的光刺激敏感。到了初級視覺大腦皮層的第一站（第四層），絕大多數的細胞仍然只對單眼的傳入訊息反應，但是因為視神

經交叉是部分交叉，因此左半球的初級視覺大腦皮層中有交錯排列的左眼細胞和右眼細胞，同時右半球的初級視覺皮層內也是交錯排列。這種左眼區域和右眼區域交錯排列成斑紋狀的情形可以在實驗狀況特殊標定下觀察到（圖 5-10A）。在初級大腦皮層別的層次中已有一些神經細胞接收兩眼來的訊息。這些細胞在兩眼中的接受區域位置完全相同，不僅對單眼的刺激有反應，對雙眼的刺激更有加倍的反應。這類的細胞很可能擔負著將兩眼的兩個視野整合爲一個視覺的功能。另外在次級視覺大腦皮層以及更高階的視覺大腦皮層V5中有一些神經細胞專門在偵測稍微偏離視線焦距的影像，這些區域很可能與我們視覺的深度感覺，也就是產生立體感有關。

　　圖 5-10 也顯示在初級視感覺大腦皮層的一小塊左眼區或右眼區中分別有更小的區塊。這一小塊區塊中的每一個神經細胞都只對視野中同一位置同一角度的光柱刺激反應。這種小區塊稱皮質柱（cortical column）在許多其他皮層中也發現有類似皮質柱的功能處理單元，例如在老鼠的觸覺大腦皮層中每一根觸鬚都有一塊專屬的皮質柱。在初級視覺大腦皮層中現在找到的功能處理單元除了光柱的角度、立體感的訊息之外，還有特定色彩和移動的方向等等。

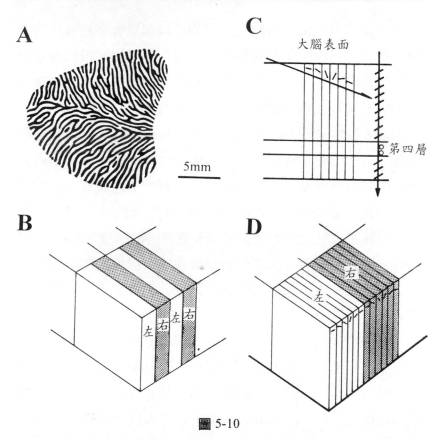

圖 5-10

猴子初級視覺大腦皮層中右眼區（A、B及D圖黑色帶區）及左眼
區（白區）交錯分佈的情形。B圖爲A圖中的一小塊放大，D圖又
爲B圖的放大。C及D圖顯示在單眼區域中可以發現規則排列的方
向性細胞。C圖及D圖中斜線的方向顯示一小塊大腦皮層中的神經
細胞的接受區域的方向性。C圖右方垂直走向的箭頭代表垂直插入
這小塊皮層中所記錄到的細胞的方向性均斜 45°，左方爲斜斜插入
一根微電極在路徑上不斷碰到接受區域方向性不同的皮層細胞。

　　在更高階的視覺區域中也有類似但分工更細的功能處理單元。因此認知的另一種假說是影像的刺激經由許多平行的管道接收，在中樞神經系統中經過階層式的處理，分別興奮與影像中有關的要素的皮質柱。這些高階低階皮質柱內的神經細胞進入同步振盪（synchronous oscillation），形成特定的視覺。例如水平的一個紅色標記會興奮大腦皮層中所有有關紅色及水平角度的皮質柱，造成看見紅色水平柱的感覺。如果曾經學習過這種標記就是禁止進入的交通標記，則在學習的過程中可能在大腦皮層中產生新的連繫，同樣的標記便會在這些學習過的腦中引起更廣泛的震盪造成新的認知。

第四節　運動

一、骨骼肌的反射作用

　　反射作用的目的是在無意識的情形下執行身體的一般機能，使得我們高層次的神經系統能被解放出來，做很多更有意義的工作。反射做了什麼事情？第一個是縮手縮腳的動作，也就是保護的作用。第二是在維持我們的姿勢，第三是韻律的產生，這些反射是為我們做最基本的運動，也就是跑

步、走路這些事情。我們舉一個例子來解釋反射作用的基本
操作過程。在肌肉裏面有很多偵測器,有一類叫作肌梭(圖
5-11),肌梭的兩端比較細,中間比較粗,像個梭子一樣,
上面有很多神經纖維分佈在上面。這些感覺神經纖維在偵測
什麼呢?它們在測查這根肌肉的長度。這是因爲肌梭的位置
是跟其它肌肉細胞平行的,所以當其它肌肉細胞的長度變
化,肌梭也會被拉得改變長度,使其神經纖維產生較多的動
作電位;當肌肉變短,肌梭的感覺神經纖維也會降低動作電
位的頻率。它的放電頻率是跟肌肉長短成正比的關係,所以
說它在偵測肌肉的長度。這些肌梭上的長度偵測器被興奮起
來時,它的消息會經神經纖維跑到脊髓裏面去,跟運動神經
細胞,尤其是控制同一塊肌肉的運動神經細胞產生興奮性的
突觸電位。所以當肌肉拉長時,肌梭興奮起來;肌梭的消息
傳到脊髓裏,會使同一塊肌肉的運動神經細胞興奮,指揮同
一塊肌肉縮短,使它恢復原來的長度。這整個過程叫作伸肌
反射(stretch reflex)。伸肌反射在作什麼事情呢?有一個是
維持姿勢的功能。因爲我們平常要維持很多種姿勢,站的時
候,可以想像有某些肌肉是處於收縮狀況。坐的時候,另外
一些肌肉收縮。躺著並不是完全的休息,還是有一些肌肉在
收縮。所以你睡覺躺在床上也不是完全軟癱的狀況,這些肌
肉是持久的在收縮。伸肌反射可以利用適當的興奮性的傳入
訊息,維持特定肌肉適當的收縮。只有適當的肌肉產生穩定

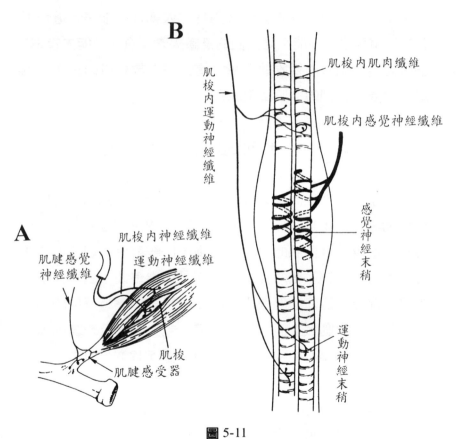

圖 5-11

肌梭在肌肉之中與肌纖維平行（A）；將一個肌梭放大可以看見到
裡面有特化的肌肉細胞，並有偵測肌肉長度的感覺神經纖維分布其
中央位置（B）

的收縮才能維持我們的姿勢。可以想見，如果維持姿勢需要
大腦皮層經常不斷去指揮，會有什麼後果——需要經常不斷
的去記，去下令，只要有一絲倦怠，人就會垮下來。這是不
行的，這種事情不能交給我們的意識去管。意識不能去管320
個肌肉，每個肌肉要收縮多少。這件事要放給肌肉去管，也
就是說放給我們的伸肌反射去管。

二、自主神經系統的反射

　　自主神經系統的反射像腸胃道中平滑肌的蠕動，心臟肌
的跳動等等，也是在無意識的狀況下，依照刺激的狀況，作
適當的反應。骨骼肌的反射看得到，比較容易引起我們的注
意，而自主神經系統的反射作用卻是更為重要。因為自主神
經的大部分功能靠反射作用來操作。舉一個感壓反射的例子
。在我們主要動脈上面，例如心臟，主大動脈及頸總動脈上
，分布有一些感測血壓的神經末稍（圖 5-12）。血壓的感受
器主要是在偵測血流衝激的壓力：血壓。血是從心臟出來產
生力量，這力量顯示在血壓上，這血壓就會拉直血管部分
的組織，興奮血壓感受器。血壓感受器經由神經纖維傳進延
腦，抑制交感神經，興奮副交感神經（迷走神經）。迷走神
經是使心跳變慢，交感神經是使心跳變快。交感神經抑制，
迷走神經興奮，這時候油門放掉，煞車增加，會使心臟慢下

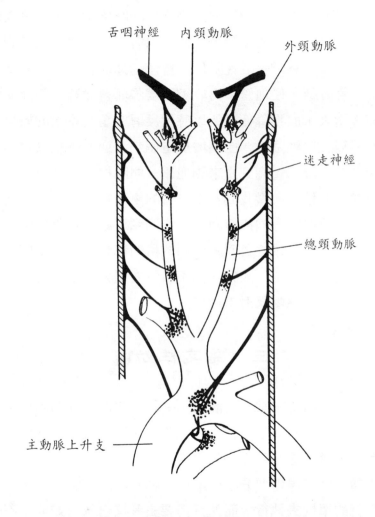

舌咽神經　　內頸動脈

外頸動脈

迷走神經

總頸動脈

主動脈上升支

圖 5-12　分布在主動脈弓，總頸動脈及內外頸動脈
　　　　分岔上的血壓感受器

來，而且慢得很快。所以當血壓增加的時候就會使心跳變慢
。另一邊是對血管的影響，在血管只有交感神經，沒有副交
感神經。使交感神經活性降低，會使指揮血管平滑肌的這些
神經活性降低，使血管不再收縮這麼強而會放鬆，因此血管
的管徑增大，血壓降低。所以感壓反射興奮基本上的效果是
使心跳變慢血壓降低。血壓增加這個刺激通過感壓反射的作
用使得血壓降低，回到原來的血壓，與剛提到的伸肌反射有
非常類似的地方。當我們希望去管的東西被拉往一個方向，
身體經過反射把方向扭轉回來使它回到原處，這整個是一個
負回饋的作用。這些負回饋作用的目的都是在維持某些性質
，例如血壓的恆定。因為我們不希望血壓太高或太低，所以
利用負回饋的感壓反射來維持。

三、意志性動作

反射在維持經常性的活動，執行一些保護性的動作。雜
事小兵都已經照顧了，腦中的大將們能發起我們能做想要做
的動作。發起這些動作，想要去做，這是意志的第一步。想
要去做，就要規畫要分哪些階段、哪些細節去做，然後才交
給執行的單位去執行，而執行需要去考核它效果如何，不能
就讓它去，要作修正。因此意志性動作可以分為動機、規
劃、執行、修正幾個部分。腦裏面與這些部分最有關係的是

運動大腦皮層、小腦和基底核。運動大腦皮層只是個通稱，就像觸覺大腦皮層，視覺大腦皮層，都有很多區域，像初級，二級，三級等等視覺大腦皮層。運動大腦皮層也是一樣只是個通稱，它包括初級，次級等等，分別簡寫為 M_1，M_2。M_1 又包括二個部分──初級大腦皮層和前運動大腦皮層。M_2 是輔助運動大腦皮層。

　　大概在 1870 年的時候，兩個德國醫生，一個叫作 Fritsch，一個叫作 Hitzig，這兩位醫生據說在太太的化妝台上，用狗做實驗。這實驗發現電刺激狗的中央溝的前方，也是運動大腦皮層的地方，會引起局部地方的肌肉收縮。刺激運動大腦皮層不同的地方，會產生身體不同地方的運動（圖 5-13），例如第一點，動物後腿像走路一樣的前進，第四點，它的對側的前肢動，刺激第九點，舌頭收回來，第十點是嘴巴打開來。刺激左半邊大腦運動皮層會引起右側身體的變化，從中間刺激會引起後面身體的變化，在側面刺激會引起頭部各部位的變化。因此我們可以畫一個圖出來，大腦半球，左腦皮層，從中間到側面，分別控制右邊身體到頭部各部分的運動（圖 5-14），特定的部位興奮起來就引起特定的肌肉運動。也就是說運動大腦皮層像鋼琴鍵盤一樣，你敲擊特定的鍵盤就會引發特定的聲音。另外，如果腦中風影響到運動大腦皮層，就會造成對側的肢體癱瘓，不能夠移動這些肢體部分。從刺激和毀除的實驗看起來，初級運動大腦皮層顯然非常重

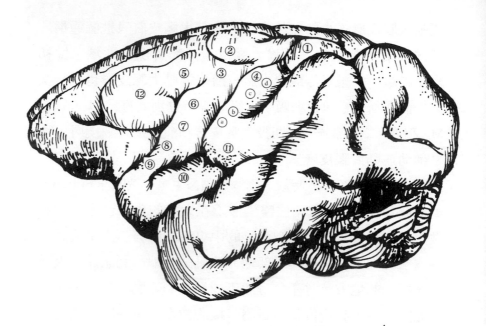

圖 5-13　Ferrier 1875 年電刺激猴腦得到的原始記錄

1.對側後腿向前移動。2.大腿向外，小腿向內，腳指彎曲。3.尾巴移動。4.對側前肢伸直並向外轉。5.對側前肢伸直向前，a,b,c,d,手指動。6.對側前臂彎曲。7.嘴角牽動。8.鼻翼和上唇抬起。9.和10.嘴巴打開，舌頭伸出(9)或縮回(10)。11.嘴角動。12.眼睛開，轉向對側。

要。另外再從電訊號記錄的實驗來看，我們的初級運動大腦皮層的腦波在真正運動之前就產生變化。更有趣的是輔助運動大腦皮層會更提早，比初級運動大腦皮層還早發生變化。

在人的實驗中也發現只要在想像動作的時候，輔助運動大腦皮層就會有腦血流增加的情形。但是初級大腦皮層必須真正執行這個動作血流量才會增加。從這個角度來看的話，推測這兩個部分可能扮演不同的角色。初級運動大腦皮層可能扮演執行的角色，但是輔助大腦皮層則是作規畫的工作。

初級運動大腦皮層　　　　　初級觸覺大腦皮層

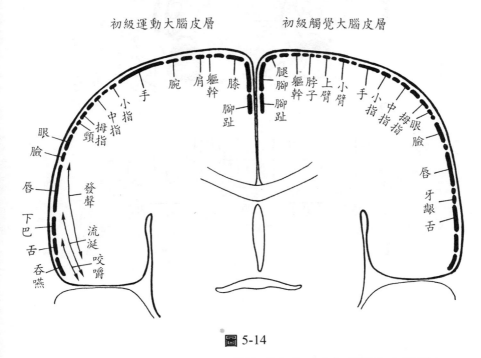

圖 5-14

人的運動大腦皮層（左）及觸覺大腦皮層（右）均有從腳到頭全身各部分的對應位置。注意唇、舌均佔超比例大的部分。

A

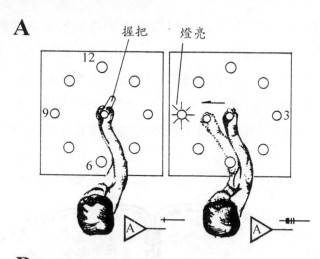

握把　　燈亮

B

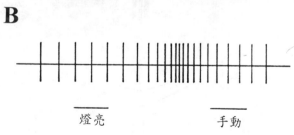

燈亮　　　　　手動

C

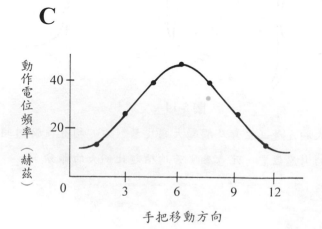

動作電位頻率（赫茲）

40

20

0　　　3　　　6　　　9　　　12

手把移動方向

D

圖 5-15

（A）實驗設計。電壓放大器（A）在記錄猴子等待（左）或移動
手把（右）時運動大腦皮層中一個神經細胞的放電情形。（B）
運動大腦皮層的神經細胞的放電早於手把的移動（手動）。（C）
一個運動大腦皮層的神經細胞在手臂移動各種方向時有不同的放
電頻率。此例中的細胞在 6 點鐘方向有最大的放電頻率，可用一
六點鐘方向的直線代表本細胞。（D）近百個運動大腦皮層的細
胞放電情形，每一條直線代表一個細胞。直線的方向為這個細胞
的最適方向，直線的長度為其放電頻率。箭頭為手把移動方向。
注意在手把向 6 點方向移動時（右圖）最適方向為五至七點鐘方
向的神經細胞產生非常多的動作電位。相反的，當手把向 11 點鐘
方向移動時（左圖），這些細胞幾乎完全停止放電，而最適方向
為 10 至 12 點鐘方向的神經細胞開始大量高頻率的動作電位。參
見內文。

　　運動大腦皮層如何執行控制身體肌肉，這個問題也可以用微電極記錄的方法去觀察一個一個的神經細胞。實驗方法為在已訓練好會依燈亮訊號移動手把的猴子的運動大腦皮層中植入微電極，記錄大腦皮層中神經細胞的放電情形。實驗的設計如圖 5-15A，猴子握著手把在等待燈亮（圖 5-15A左）。環繞著握把從 12 點鐘方向起繞一圈有八個燈。當九點鐘方向燈號亮起來時，猴子會將握把推向九點鐘方向，因而獲得果汁的獎賞。同時微電極在運動大腦皮層右手的對應區內記錄皮層內的神經細胞（B）。當找到一個神經細胞時，分別做八次不同方向燈號的刺激。將每一個刺激時這個神經細胞在燈亮到手動之間的動作電位數目統計起來便是圖 5-15C。這個運動大腦皮層中的神經細胞在手把向六點鐘方向移動時有最多的動作電位（或最高的放電頻率），我們稱為其最適方向（preferred direction）。

　　Georgopoulos 等研究者在運動大腦皮層手的區域中記錄了近百個神經細胞，各有各的最適方向，但是綜合來看（圖 5-15D），握把移動的方向與這近百個神經細胞群體放電方向的總和非常接近。因為這些細胞在手臂移動前增高放電頻率，因此 Georgopoulos 提出 population code 的假說，認為運動大腦皮層中一群群神經細胞以群體活動的綜合表現來指揮肌肉收縮，特定肢體移動的方向及力量分別由運動大腦皮層中這部分肢體的對應區域內的神經細胞群總和的向量方向及大

小所決定。

　　在大腦的下面，前腦的中間有一個基底核。基底核包括了一些小區域，其中有一個小區域叫作黑體（substantia nigra）。這小區域送一些神經纖維到另一個基底核區域叫紋狀體的地方。這個連接非常重要，是紋狀體內的傳遞素──多巴胺（dopamine）的主要來源。如果這個黑體的地方受到傷害使紋狀體的多巴胺大量減少，就會產生巴金森氏症狀（Parkinsonism）。巴金森氏症狀是很複雜的症狀，其中有一些與運動機能抑制性的控制有關。例如病人通常開始動作非常困難，顯得動作很僵硬。但是動作一旦開始，通常準確性沒有什麼問題。從這個角度看，也就是經過這種天然的毀除實驗，可以想像基底核在運動機能的重要性可能是更前面的，它可能是在控制動作的發起以及規畫。因此，這裏有了問題，動作難以開始，但是只要開始做了以後，繼續執行沒有問題，精確度也可以達到正常的效果。

　　第三是小腦的部分。小腦的部分在人的身上是特別的發達。一般人可能覺得人的大腦特別發達，其實跟其它動物比較起來，人的小腦也很發達。這小腦也像大腦一樣有很多皺摺，也一樣有小腦皮層，有小腦的「基底核」，稱爲小腦深部腦核（deep cerebellar nuclei）。當小腦受到傷害，一個很嚴重的症狀是沒有辦法執行很精密的動作，例如指自己的鼻子，這對小腦受傷的人就很困難。小腦受損的病人很可能需

要眼睛看著手指，經過很多次修正之後，才能碰到自己的鼻子。又如走直線，這是考酒醉的人的測驗，在小腦受傷的病人也很難做到。所以照這樣看起來，小腦和動作的修正有非常大的關係。

四、自主神經系統的中樞控制

　　自主神經系統也有很多地方是中樞在主動引起變化。舉一個心臟血管的例子：在潛水時，在陸生以肺呼吸的生物會引起一個反射，叫作潛水的徐脈反射（diving bradycardia），也就是在頭臉泡水或悶氣時心跳會下降。這個反射中有很大的一部分是意志在參與的，可以在海豹潛水時用遙測技術測量的心跳變化結果看出來。海豹有能力在六百呎深的水下潛水 50 分鐘，但是大部分時間卻是作短時間淺水的潛水。這時牠的心跳速率並沒有明顯的改變。但是當海豹作深潛水的時候，心跳速率可以從每分鐘 140 次降到每分鐘 30 次，所以看起來海豹自己的意志可以影響是否需要使用潛水反射。較早時候在實驗室中進行實驗是強迫動物悶到水裏，動物不知道要潛多久，每次都只好作最強的心跳反應，因此看結果很像一個單純的反射：一下水心跳就急驟下降。但是如果讓動物自己控制，就可以觀察得到意志力的影響。

　　另外再舉一個運動的例子。我們的血流量大概每分鐘是

六公升（70 公斤的男生）。它通常的分佈情形是，其中有一小部分要到大腦裏面去，百分之二十給腎臟做清潔的工作，最大的部分給最大的器官、肌肉，其它到皮膚、心臟。但如我們開始運動，不管輕鬆或強烈，發現血流量有很高的增加，同時心跳也增加，心臟收縮力也增加。但是並非在各個器官都有同樣的增加，如腎臟反而降低，我們腦內血流量沒有改變。但最多的血是分給心臟跟骨骼肌（**表** 5-3）。故隨著意志的動作，我們的自主神經系統要作適當的配合，血管有些地方要收縮，有些要放鬆，才能夠達到供給適當地方的目的。另外在準備運動時，身體各部位的血流量就已經開始起了重新分配的現象，更可看出中樞的影響。

表 5-3　**不同運動強度十分鐘時身體各器官的血流量**（ml/min）

器官	休息時	輕微運動	激烈運動	最強運動
心臟	250	350	750	1,000
骨骼肌	1,200	4,500	12,500	22,000
腎臟	1,100	900	600	250
腦	750	750	750	750
腸胃道	1,400	1,100	600	300
皮膚	500	1,500	1,900	600
全身血流量	5,800	9,500	17,500	25,000

　　綜合而言，我們的運動神經系統藉著意志力的動作和反射動作，有時產生精確快速的動作，有時又產生持久穩定的動作。自主神經系統主要藉著反射加上一些中樞控制的變化，來達到我們身體內部環境的變化與恒定，來維持我們的生命。

參考文獻

嚴震東（1990）：探索神經系統之鑰—電生理與神經科學。
　　科學月刊，*21*：922-927

嚴震東（1993）：系統神經科學的研究法。科學月刊，*24*：
　　538-543

Nauta W.J.H. and M. Feirtag(1979). The organization of the brain.
　　Scientific American 241(3)：88-111

Schmidt-Nielsen (1997). *Animal physiology, adaptation and envi-
　　ronment.* (5th ed.). Cambridge: Cambridge University Press. pp.
　　178-192

神經系統與行為演化

涂嘉宏

　　前面神經細胞與神經系統那幾章，對大部分的讀者而言，可能是枯燥了些。不過，如果您的確有心想了解心與腦的可能關係，這些「枯燥」的知識是基本且必備的。本章試圖以回顧的方法，將這些「枯燥」的知識賦予演化上的意義，進而彰顯演化、行爲及發展間之關係，以暗示演化與心靈間之關聯。

第一節　動物爲什麼要有神經系統

　　動物的「生命的意義」，就在於如何使個體能夠生存且達到繁衍後代的「目的」。動物爲了求生存，必須「知道」他所處的環境是什麼，「應該」採用什麼適當的反應。譬如說，一隻動物處於攝氏零度以下的環境下，若他無法「知道」環境太冷了，或者無法採取適當的保暖措施，則此個體內之水分就會凝固，細胞就會凍死，個體也就會被淘汰掉；「自然」會選擇那些具有偵測冷暖的能力，以及採取對策的能力之個體，使他能繼續生存，得以有繁殖之機會，使具有這些能力的個體有後代，而使這些能力得以遺傳下去。

　　所以，演化論裏的「天擇」是會針對這類能力進行選擇。具有這類能力的，才能適存；否則就被淘汰。而這類能力，即是由神經系統來處理與執行。因此，天擇針對能力進行汰

選，亦即間接地對神經系統進行汰選。

　　不同的動物需要應付不同的環境，所需要的能力也因而不同，因此演化出不同的神經系統。既然如此，爲什麼不同動物的神經系統，至少在大體解剖上看來，有那麼多的相似性？有演化的軌跡可尋嗎？

┃第二節┃ 反射作用的演化意義

　　即使在不同的時空底下，環境中總有相同的部分，如，有空氣、有聲音、有光線等等。再以溫度爲例，溫度是無所不在的「東西」，而每一種動物都只有某一範圍的溫度內才能生存。當溫度超過安全範圍時，動物必須設法逃離，否則就會被淘汰。因此，不同動物的神經系統，都會具有偵測與適應溫度的能力。不同的哺乳類動物，處理溫度調節的神經部位，也都是在下視丘的「前視神經區」（preoptic area）。

　　動物要適應環境的變化，首先必須能偵測到環境的變化。因此，保護感覺器官是每個動物的首要工作。任何有害於感覺器官的事件，個體不但需列爲優先處理的工作，且需迅速解決。所以，個體就需有能迅速反應的反射機制。強光或異物襲目會傷害到眼睛，因此就有瞳孔反射與閉眼反射。振耳欲聾的聲音會傷害內耳耳蝸裏特殊的音波震動的接受細胞，

因此就有蒙耳反射。

　　皮膚被刺到或燙到，馬上就引發縮手、縮腳或避開的反應。這種反射動作是避免皮膚繼續受到傷害，以免傷害擴大。大家都知道皮膚對身體的保護作用有多重要，因此，因痛而有之反射動作對個體生存是絕對必要的，不論是什麼動物。而其重要性，也不會因時空之不同而有差別。所以，管這件事的神經系統，各種動物都會具有；而且，不論哪一代哪個地方，都會具有。

　　像這些對生命安全有立即危害的事件，不論在什麼時候或什麼地方，都有可能會發生，且有必要迅速反應解決。所以，反射作用是解決這類事件的必要能力，也是每一種動物需備之能力。因此，就演化出不同的動物具有相似之反射弧，也就是不同動物的神經系統具有相同的部分。

第三節　本能行為與演化

　　反射動作通常是很快也很簡單，而本能行為則較為複雜。但是，本能行為也是代代都需要做的事，因此，其神經機制亦是代代相傳。

　　本能行為的特徵是，當一種動物表現該種動物特有某一種本能行為時，該行為是由許多動作依一定的順序組合而

成。由於組合相當固定，因此稱之爲「固定動作組型」（fixed
action pattern）。鵝在孵蛋時，每隔一段時間就要讓蛋轉面一
下，以使蛋各部分的溫度均勻。在孵蛋時，難免會有蛋溜出
巢外，母鵝就需將該蛋撥回巢內。母鵝的撥蛋動作就是將頭
伸至蛋處，用喙的底面勾住蛋，再將長頸內縮至胸，將蛋撥
回巢內。但是，蛋是橢圓的，很容易從喙邊滑溜出去；有趣
的是，母鵝面臨此情況，並非隨即停止撥蛋的動作，而是繼
續縮頸，將喙帶至胸前，然後再做一次撥蛋的動作。所以，
撥蛋程序是一經發動，就不會更改，其組型是相當固定的。

　　有一種三背鰭的小魚，在生殖季節，公魚會先找一塊適
合育子之處築巢並建立地盤。當一隻懷卵的母魚游入地盤
時，公魚馬上迎上前去，表現攻擊姿態。母魚一見公魚兇巴
巴地游過來，馬上朝著公魚，上傾約 45 度滑游，以顯露其便
便大腹。公魚一見及此，即收斂凶焰，回頭往巢處游，母魚
亦跟隨在後。跟一小段距離後，母魚回頭游開，公魚一看
到，馬上回頭追上去，再回頭朝巢游，母魚再回頭跟隨在
後。如此反覆數回後，終於到了巢處，公魚以嘴觸巢，告知
這就是洞房；母魚就游進洞房，公魚用嘴觸擊母魚的臀部，
母魚排卵出來，隨即游離；而公魚亦隨即游至卵的上方，將
精子排放出來，使卵受精。這整個求偶交配過程，其動作組
型相當固定。

　　任何一種固定動作組型，同一種動物都會表現。我們遠

遠看到一隻狗抬著一隻後腿在尿尿，我們即知牠是公狗，因為這是公狗小便的固定動作組型。人類的笑容也是一種固定動作組型，不論是什麼人種，笑容都是一樣；即使是天生的瞎子，沒看過別人怎麼笑，其笑容與正常人也沒兩樣。

　　固定動作組型通常是在特定的情況下才會表現。動物行為學家發現，引發固定動作組型的刺激，也是有一定的組型，稱之為「訊號刺激」（sign stimulus）。海鷗自海上捕食魚類飛回岸上的鳥巢後，巢內幼鷗必須先啄海鷗的喙後，海鷗才會將胃內的食物吐出來哺餵幼鷗。幼鷗憑什麼決定什麼時候該啄？且知道該啄什麼地方？研究結果發現，海鷗的喙，黃白細長，上面有一紅斑；幼鷗見到這種組型的訊號刺激，就會表現出啄喙的固定動作組型。即使看到的是塗有紅斑點一根白粉筆，幼鷗也會對此粉筆表現啄喙動作。

　　前面提到三背鰭小魚，當公魚在建立領域後，若有同種公魚游進領域，地主公魚馬上會迎上前去攻擊，以保衛領土。其他種類的魚游過其地盤時，牠並不會去攻擊。該種公魚的特徵是背部銀白，腹部鮮紅。因此，若以一紡錘形的木塊，一半塗成紅色，另一半塗成白色；當以白上紅下的方式放到公魚的領地時，公魚馬上進行攻擊；若以紅上白下的方放到公魚的領地時，公魚卻視而不見，不會攻擊。所以，紡錘形物，上白下紅的組合，即為引發此類公魚攻擊之訊號刺激。

　　訊號刺激與固定動作組型之搭配存在，是演化的一種結果。地主公魚只會在「上白下紅的紡錘形物」出現時才對之表現攻擊之本能行爲，是因爲在自然的情況下，有此訊號之刺激，通常都是同種的公魚。同種公魚對什麼地方才算是好地盤，其標準是相同的。因此，對已有地盤的公魚而言，該地盤會有被取而代之的可能性，只有同種公魚才會有此野心。若地盤被其他公魚取代，與母魚交配之機會就喪失，就無後代。會表現保衛領土的行爲者，才有機會有後代；而保衛領土的能力與行爲，亦隨之留傳下去。無法區辨何者當攻者，會徒然浪費許多精力，甚至招惹沒有必要的麻煩，亦不利於生存。因此，訊號刺激與本能行爲就如此這般地配對留傳下去。

　　適存之本能行爲是經過生態環境的汰選而演化出來的。不同的生態環境，就會演化出不同的本能行爲。再以海鷗爲例。一種黑頭海鷗，築巢在海邊平坦的草地上。該地的天空有老鷹出沒。當海鷗的幼鷗破殼出生時，海鷗會啣著破蛋殼飛到海面上將它丟棄。這是一種本能行爲。若不如此做時，則蛋殼內的殘留蛋白會反光，則老鷹偵測到此蛋殼的機率增加，若老鷹因而看到幼鷗，捕食之的機率就會增加，所以，在此環境下，不會「啣殼丟棄」者不易繼續有後代。

　　另有一種居住在北海懸崖峭壁的海鷗，由於強勁海風吹撞峭壁後所產生的空氣激流，使老鷹無法在此地區翱翔。於

是，在峭壁上孵出幼鷗後，破蛋殼就仍然留在巢內！

　　於此可見，不同的生態環境會演化出不同種的海鷗，而且是具有不同的本能行為的海鷗。

第四節　性行為的生理機制

　　性行為是本能行為的一種。這裏以老鼠的性行為為例來介紹。將一隻公老鼠與一隻動情的母鼠放在一起時，兩隻老鼠會先探索勘察一下環境，接著二鼠對口互嗅一番，接著互相聞嗅對方的會陰部。接著，公鼠繞到母鼠的後方，逐步接近；母鼠會慢步走開，或忽然向前躍，但隨即頓住，等待公鼠；當公鼠再接近時，又會躍開，如此幾回合，公鼠跳上前去，前肢攬住母鼠的腰部（趴騎），臀部前後擺動（衝刺），待陰莖找到陰道口後，接著有插入的動作（公鼠臀部緊貼著母鼠的臀部不動，約幾秒鐘）。然後公鼠就自母鼠背退下來，隨後又趴騎上去，如此三、四回後，才在插入時射精。射精後，休息約 5 分鐘。整個交配過程又重演好幾次，其動作組型相當固定。

　　在這個交配過程中，我們選其中一個行為為例，進一步描述與詮釋。動情母鼠，在公鼠攬腰一抱時，縱向背部肌肉收縮，使脊椎向下凹；即頭與尾往上抬，而胸腰往下陷；稱

之爲凹背姿（lordosis）。平常，母鼠的背是稍微拱起來的，在此姿勢下，臀部下垂，陰道口就朝地面；在此條件下，公鼠要進行交配就很困難。首先，鼠腿並不長，陰道口與地面之間的空間有限，要容下公鼠的臀部來進行交配，很不方便；再來，公鼠的臀部要塞到此空間時，勢必將腰彎得更厲害，且身體重心隨之往後移，使得交配中的公鼠母鼠之綜合重心往後移，而成重心不穩的狀態；因此，拱背姿勢不利交配之進行。變成凹背姿後，陰道口水平朝後，公鼠的陰莖較易安排進入陰道，有利於交配與生殖，所以凹背姿也是演化的一種結果。

母鼠只有在動情時才會表現凹背姿。母鼠有動情週期，每四天只有一晚是處於動情狀態。當母老鼠不在動情狀態時，公鼠若企圖與母鼠交配，母鼠是以逃避、極力反抗，甚或攻擊的方式來拒絕公鼠。

母鼠的動情狀態是受性激素所控制的，簡單地說，它需要有兩天的動情素，第三天再有助孕素後才會進入動情狀態。所以，雌性激素條件是凹背姿的必要條件。但是，具備性激素的條件之後，母鼠並不會自動自發地不時展現凹背姿。母鼠要在公鼠攬腰一抱之後才會表現凹背姿。攬腰一抱就是凹背姿的訊號刺激。

第五節 性行為的神經徑路

　　激素是隨著循環系統全身流竄，而凹背姿是由肌肉的收縮而形成。加上必須有攬腰一抱的訊號刺激之後才會表現凹背姿，則可推論激素必須透過神經系統來發揮其效力。雌性激素到底作用於神經系統何處？

　　早期的研究，發現在毀除下視丘腹中核（ventromedial hypothalamus）之後，即使體內的性激素條件合乎要求，攬腰一抱仍不能引發凹背姿。而在體內缺乏性激素的條件下（將卵巢割除），如果在下視丘腹中核植入動情素，則攬腰一抱就可引發凹背姿。因此可知，性激素是作用在下視丘腹中核以發揮它在凹背姿表現上的效果。

　　在此，需註明一下。雖然最佳的激素條件是二天的動情素再加一天的助孕素。但是在老鼠，長期單獨的動情素注射，亦可構成相當不錯的激素條件。這就是為什麼單是埋植動情素到下視丘腹中核亦能有效地促發凹背姿的原因。

　　下視丘腹中核是由神經細胞所組成，激素要發揮功效，必須是在神經細胞上產生效果。下視丘腹中核的神經細胞之細胞質內有動情素之受體（receptor），且細胞膜是脂溶性的。所以，動情素可以溶透細胞膜，進入細胞質，與受體結合

後，移進細胞核，對基因的展現（gene expression）產生改變，而有影響。

Pfaff 利用自動輻射顯影技術（autoradiograph），將動情素標上放射性元素，注射到母鼠身上後，發現下視丘腹中核會累積動情素，證實該處神經細胞的確含有動情素的受體。同時也發現，腦中尚有視交叉前區、中腦管道周邊、海馬迴等等地區之神經細胞亦有動情素受體；這種結果顯示，動情素並不是專門為了凹背姿而存在的。當然，這類研究也顯示，並非所有的神經細胞都有動情素受體，而是只有部分地區才有。

Pfaff再進一步追蹤，從下視丘腹中核所送出去的軸突到達何處？結果發現只是送到中腦而已。再從中腦開始追蹤，中腦細胞之軸突會送達延腦之網狀組織。與動情素有關之凹背姿神經徑路，就是如此。

使凹背姿表現的重要條件之一——攬腰一抱，其效果是透過什麼神經徑路？經過Pfaff的研究，攬腰一抱所造成的皮膚感覺中，對凹背姿有效的是壓覺。這個壓覺，由感覺神經進入脊髓後，沿著脊髓側腹部位之上傳神經，送達延腦之網狀組織。因此，動情素的影響力與攬腰一抱的刺激效果，在此交會。

延腦網狀組織中有運動神經元，其軸突沿著脊髓之側腹部位下行至腰椎脊髓，進入灰質之腹根，與脊髓運動神經元

形成突觸；該神經元再沿運動神經，送達背部之縱向肌肉，該組肌肉收縮，即形成凹背姿。

綜合上述，與凹背姿有關之神經徑路，可以摘要如下。動情素作用於下視丘腹中核，其效果輾轉達到延腦的網狀組織中的網狀神經核，活化該核內之運動神經細胞，使其活動閾限下降。當兩腰受到一抱時，腰椎神經之壓覺神經元興奮，神經脈沖上傳至網狀神經核內之運動神經細胞，使該細胞興奮，所產生之神經脈沖再傳至腰椎脊髓腹根內之運動神經元，使之興奮，經由腰椎神經，到達肌肉，使之收縮，形成凹背姿。

依此徑路，皮膚的刺激與凹背姿的動作，彷彿是一種反射。不過，這個「反射弧」並非只含脊髓，它已包括了腦。還有，在缺乏動情素的條件下，可能是網狀神經核的神經元閾限過高，使得壓覺上傳之脈沖不足以興奮該核之細胞，因此這個反射弧的通路就中斷，這就可以解釋為何在缺乏激素條件下，光有「兩腰一抱」不足以引發凹背姿。

凹背姿這個固定動作組型的神經徑路，平常就存在。但整個徑路能否運作，則視動情素之有無而定。在有動情素之活化後，此徑路才能發揮功能。而體內動情素含量之高低，則視卵巢之分泌而定；其分泌又受腦下垂體的控制，而腦下垂體又轉而受下視丘控制的。從這裏，我們可以看到神經系統調節性激素的分泌，而性激素又回過頭來影響神經系統來

調節性行為！

第六節　性行為、生殖、及生態

在自然界裏，老鼠的壽命大約只有一年；加上冬天覓食不易，不宜養子；而且在冬天之前子女須養大；因此，實際上宜於交配的時間大約只在春夏兩季。因此老鼠必須把握在這短短的時間裏，儘可能多生。

老鼠約在 60 天大時，算是性成熟，可以生子。老鼠的懷胎期約爲 23 天，哺乳期約爲 21 天。如果從春天開始進入交配季節起算，則春季可養二胎，夏季可養二胎，秋季尚可再養一胎。所以，如果一隻母鼠不浪費時間的話，一年約可生五胎。每胎可產一打小鼠左右。

生殖策略。動物界裏，由於壽命長短不同，而有不同的生殖策略。壽命短的，通常採快速生殖策略，在短時間之內大量生產。壽命長的，通常採「精兵」策略，生的不多，且撫養期較久。老鼠是屬於快速生殖策略型，生子雖多，但夭折比率亦大。而人類屬於精兵策略型，一年只能產一胎，且通常一胎一子，再加上哺乳期間不易受孕，所以大約二年可有一子；雖然數量很少，但夭折比率甚低。

生殖與生態。懷孕與哺乳期間，母親需要相當多的營養，

食物的需求量也大。所生的孩子在斷奶之後，也需要食物以供發展成長之需；而且，最好在冬天來臨之前就長得相當健壯，以便有能力度過食物較缺的嚴冬。

在上述的前提之下，許多動物於一年復始的春天進入交配與生殖季節。難怪會有「貓叫春」、「春宮電影」的俗語。老鼠就是屬於這種動物。但是，有些採取精兵策略的動物，因爲孩子的生長期久，斷奶之後自行覓食的時間較長，因此最好在春天時就已斷奶；這類動物就會在冬天快結束時產子，而其交配時間就不一定在春天了。牛就屬於這種動物；因爲在冬天產子，所以冬天泌乳多。所以，乳牛多於冬天泌乳，牛奶產量大增，牛奶價格也隨之降低。

春夏秋冬是地球公轉的結果，其主要的變化是日照時間的長短。日照長，植物生長快，也就是食物增加。這個基本生態，決定了生殖季節。而動物「決定」要否進入生殖季節，主要是靠偵測日照的長短。

在自然界，日照決定於地球的公轉與自轉，所以動物會有「生殖季節」。但是，動物是靠偵測日照長短的變化，也就是說，是靠神經系統來偵測日照長短來調整生理機制，以決定要否進入生殖季節。在動物室裏，若以人工照明的方式，使動物室的光照期間如同夏天，則老鼠可以整年都有生產的能力，也就沒生殖「季節」可言。這個事實突顯出，神經系統是因應環境變化而調整其生理狀態的。

　　雖然大部分的動物是靠日照來決定要否進入生殖季節，但是，有些動物卻是依賴日照長短所產生的溫度差異來決定要否進入生殖季節。加拏大近北極圈的一個省份有一種蛇（garter snake），嚴冬時鑽入地下冬眠；一開春，公蛇先鑽出地面，且就始依賴嗅覺去找母蛇冬眠之處；找到之後，就在該處滯留。導致一條母蛇冬眠處之地表會聚集數百尾的公蛇，擁擠成一蛇球。待母蛇一從地下冒出來，這幾百條公蛇立即爭先恐後與此母蛇交配。但是，只要有一隻公蛇與之交配成功，其他公蛇即紛紛離開此母蛇。

　　值得注意之處是，在冬眠期間，生殖生理系統都處於休息狀態。開春之後，性腺才開始逐漸恢復應有的功能。也就是說，在開春的時候，性腺基本上尚未開始分泌動情素或睪丸酮，也尚未製造卵子或精子。但是，在這個時候，牠們就交配了；且一年也只能交配一次，因爲這個地區的春夏期甚短。那麼，交配所需之精子與卵子，不就成了問題？研究結果發現，精子是前年進入冬眠之前已產製好而貯存下來的；卵子則是交配之後經過數週之後才產製好，排卵之後，再與先前交配後貯存於體內之精子結合。這種奇特的生殖方式是這地區的生態條件下所演化出來的。

　　至於我們所關心的性行爲，此種蛇在交配當時，身上幾無性激素，因此可知性激素並非性行爲的必要條件。研究結果發現，使蛇進入交配的的條件是溫度的變化，亦即，週遭

的溫度從零下變得溫暖的過程使得此蛇進入交配的預備狀態。

神經機制與生態。有趣的是，感應環境溫度的變化而使身體有因應反應的關鍵神經構造是下視丘的視交叉前區。這區也正好是雄性性行為的「中樞」。就前述的公蛇而言，此區感受到溫度的變化後，即可啟動該區與性為有關之神經細胞，使公蛇進入交配之預備狀態。

而前面提到的老鼠性行為，則是需要性激素使老鼠進入交配的預備狀態。生殖季節較長的動物，如老鼠，光照週期之變化透過視覺影響到下視丘。當光照時間開始增長時，下視丘的神經細胞開始分泌「性釋素」，釋素流至腦下垂體前葉，促使該葉之細胞分泌「黃體促素」與「促濾泡素」，這兩種荷爾蒙流至性腺，使性腺製造配子與性激素；性激素再流至下視丘，使神經系統處於性行為的預備狀態。

換句話說，像老鼠這種動物，它的生殖機制是藉由激素的作用，使生殖生理與生殖行為在時間上配合得很密切。就雌鼠而言，藉激素之作用，排卵之夜亦即為動情之夜；如此，交配才不至於做虛功。而整個整合歷程，下視丘居主要地位。

下視丘的交叉前區含分泌「性釋素」的神經細胞，亦有含雄性激素受體之神經細胞。在雄鼠，前者輾轉促使睪丸製造精子與雄性激素；後者接受雄性激素之後使雄鼠有能力表現雄性性行為。在雌鼠，性釋素主控卵巢，使卵成熟並製造

動情素與助孕素；而下視丘腹中核有含動情素受體與助孕素
受體之神經細胞，這些細胞先接受動情素，再接受助孕素之
作用後，使雌鼠進入動情狀態，可以表現凹背姿。

　　哺乳動物的排卵，是由短期內大量「黃體促素」分泌所
促成。像老鼠或人類，生理機制就會週期性地大量分泌性釋
素，因而大量分泌黃體促素，而達到排卵的效果；我們稱之
為**自然排卵**。而像貓這種動物，卵成熟之後，進入動情狀
態，但必須經歷交配歷程才會排卵；我們稱之為**誘發排卵**。
交配過程中的感覺訊息傳到下視丘後，分泌性釋素，促進黃
體促素分泌，才誘發排卵；這是另一種使交配行為不至於淪
為做虛功的方式。

　　前面提過，老鼠的壽命，約只有一年，如果一切順利的
話，一年可生五胎。由於每次動情時，未必能保證找到「配
偶」，以四天一個週期的自然排卵方式，可使雌鼠在錯失一
次機會後，隨即準備下一次的機會。這可以說是壽命短的動
物所採取的一種策略，它是演化的一種結果。

　　至於貓，牠的壽命有好幾年，有好幾年的生殖機會。因
此，牠的動情週有三週之長。不過，每年的生殖季節只有六
個月，如果也採自然排卵的方式，每年只有八次排卵（同樣
的六個月，老鼠有 45 次排卵）。所以，對貓而言，每錯失一
次交配機會的代價甚高；為善用每次的排卵，在經過三週的
準備，有了成熟的卵子後，先不排卵（通常一排卵，動情狀

態很快就結束），進入動情期，可長達十天，在這十天內找到交配對象，則這次週期就沒浪費掉。

　　這是貓爲何採取誘發排卵策略的原因。貓的懷孕期約二個月，哺乳期也約二個月。所以，順利的話，一年可育二胎；如果每年頭二、三次動情週期沒找到對象時，只能育一胎。對貓而言，在生殖年齡期間，每年至少生一胎是很重要的事情。

　　人與靈長類的壽命甚長。以人而言，生育年齡可長達 20 年，且一年之內也較無明顯的「生殖季節」，月月皆可生。採自然排卵策略，一年排卵十三次，廿年排卵 260 次；所以，每次排卵時錯失交配機會，後果並不是那般嚴重。由於日照、溫度、食物等等的生態壓力，加上壽命的長短，演化出各色各樣的生殖策略與生殖方式。此處只舉出較極端的範例。老鼠的例子顯示出性激素的運作使生殖生理與生殖行爲同步（synchronization）；而近北極的蛇，性激素則與生殖行爲完全無關。但有趣的是，管生殖行爲的神經部位，不同動物之間都一樣，只是啓動它的方式，因生態而異而已。

參考文獻

Alcook, J. (1989). *Animal behavior* (4th ed.). Sunderland, MA: Sinauer.

Fox, M. W. (1975). The behaviour of cats. In E. S. E. Hafez (Ed.). *The behaviour of somestic animals* (3rd. ed.). London: Bailliere Tindall.

Pfaff, D. W. (1980). *Estrogens and brain function.* New York: Springer-Verlag.

學習與記憶

❧梁庚辰❧

第一節　學習與聯結

　　根據理性論（rationalism）者的觀點，人類的智慧是與生俱來的。智慧的出現猶如種子的萌芽或花苞的綻放，不假外求。經驗論（empiricism）者則認為人類的智慧是藉著與世界接觸的經驗，一點一滴的累積而成。經驗在空白的泥板（tabula rosa）上刻畫出痕跡，個別的痕跡透過一些基本原則相互聯結而產生智慧。因此聯結（association）成了產生智慧的重要運作。早年的心理學家承襲經驗論者的觀點，特別注重經驗對心智活動的影響以及聯結在其中所扮演的角色。

　　對大多數心理學家而言，學習是指經驗累積所造成的行為改變；當被改變的行為在經驗結束後一段時間依然維持，便是『記憶』。導致學習的經驗，在形式上可以分成兩類，其中一類的經驗只涉及到一個事件。譬如一隻處在一個安靜狀態中的大白鼠，忽然之間聽到一個聲音，一定會嚇的跳起來，這稱之為『驚跳反應』。如果這聲音再度出現，老鼠的驚跳反應會小很多。當這聲音每隔一段時間重複出現，則驚跳反應會逐漸消失於無形，最後大白鼠對它幾乎是充耳不聞。這種現象，心理學家稱之為『慣常化』（habituation）。慣常化可以產生持久的行為改變，當大白鼠的驚跳反應在一

連串的聲音的刺激下消失後，如果讓他休息一段時間，再度呈現聲音的刺激，則驚跳反應會回復，會往往達不到第一次產生時的水準。而且，爾後『慣常化』的速度也會加快，可見先前第一次聲音序列的影響依然存在。某些動物經過幾個『慣常化』的序列之後，其反應便會被壓抑很長久的一段時間，就如同聽多了『狼來了』一般。

　　第二種造成學習的經驗，涉及兩個事件，並且他們是以一定的關係出現。譬如一隻大白鼠在吃完一種味道特殊的食物以後，妳設法讓他產生不舒服的感覺（通常可藉著照射 X 光或打一針毒藥達成）。以後當他再嘗到這種味道時，便會拒絕去吃。這種只要一次經驗便能學會的反應叫『味覺逃避學習』。就好比你在一家飯館裡吃完後上吐下瀉，你便再也不會去吃第二次。在這裡，味道和不舒服的感覺（或將產生不舒服的預期）兩個事件，因為前一次的經驗而強固地聯結在一起，心理學家稱這種學習為『聯結性學習』。相對於這種學到兩個事件間呼應關係的『聯結性學習』，只含有一個事件的『慣常化』現象，被稱為『非聯結性學習』。

　　無論是非聯結性學習或聯結性學習，都會造成相當持久的行為改變。在行為是由神經系統指揮與控制的這個前提下，我們必然可以推論：學習的經驗會在神經系統中造成一些持久的變化。這些持久的神經變化，也是日後記憶表現的基礎，它們因而被稱之為『記憶因子』（engram 又譯『烙

痕』）。這一章便是要討論記憶因子如何在神經系統中形成。這些研究多半是以動物進行的，原因是截至目前為止，我們並沒有很好的非破壞性方法來研究活體人腦在行為中的功能。

在討論這些研究之前，讓我們先熟悉兩種實驗室中常見的動物聯結學習方式：一是古典式的條件學習（classical conditioning）；一是工具式的條件學習（operant conditioning）。古典式的條件學習，是俄國生理學家 Ivan Pavlov 在 1904 年所提出。Pavlov 以對消化生理研究的貢獻獲得諾貝爾獎。他在研究消化分泌液時注意到他的實驗受試者--狗，不僅對正常的刺激如食物、酸會有分泌口水的反應，而且切對一些常與食物相伴出現的的刺激，如盛食物的盤子、餵食者的身影、實驗室開門的聲音，也會有分泌口水的反應。Pavlov 對這個現象作了一系列的研究。他在食物出現之前，先響一個鈴聲。開始時，狗只有在食物出現時才流口水，但當鈴聲和食物配對出現很多次之後，鈴聲也引起狗流口水的反應。因為食物是引起流口水的反應的自然刺激，Pavlov 將食物稱為無條件刺激（unconditioned stimulus, US），食物所引出的流口水反應為無條件反應（unconditioned response, UR）。因為鈴聲必須在與食物多次配對的條件下，才能引起流口水的反應，鈴聲與鈴聲所引起的流口水反應分別稱為條件刺激（conditioned stimulus, CS）與條件反應（conditioned response, CR）。在古典

是條件學習中，動物學會對一個原來不反應的刺激反應做反應。

　　在 Pavlov 研究古典式條件學習前後，美國心理學家 Thorndike 歸納出一項行為法則---效果率（law of effect）。桑代克認為，在某一情境中，一個行為產生後，能為動物帶來滿意的結果，則爾後該行為出現的頻率便會增加。相反的，若行為導致不滿意或痛苦的的結果，則行為出現的頻率便會減少。工具式的條件學習便是根據這個原則發展出來的。在這種學習中，動物是以某一特定的行為作為獲致報酬或躲避處罰的工具。譬如：把老鼠放入一個 Y 字型的迷津中，到了選擇點，牠見到兩邊的通道是一明一暗。老鼠通常喜歡進入暗的一邊。但如果實驗者在老鼠進入暗處後，施予電擊；而老鼠進入明處後，賞以食物，則幾次的嘗試（每跑一回迷津謂之一各嘗試）後，老鼠便會棄暗投明了。所以工具式的學習是利用獎賞或處罰，使動物的某一行為在某一種環境中出現的機會，較自然狀態下增加或減少。

第二節　記憶痕跡的追尋

一、Pavlov 的想法

　　學習與記憶的生理基礎是什麼，乃是古老的身心問題中的一部分。1870 年，德國的 Fritsch 與 Hitizig 發現，以電流刺激大腦皮質前葉不同的區域可以導致身體不同部分的活動。法國的醫生 Broca 在 1861 年提出大腦皮層前葉的一個特定區域被破壞之後，會損及說話、發聲的能力，因此他認為這個區域是掌管語言的運動機能。二十年後，德國的 Wernicke 發現大腦皮質顳葉附近一個區域被破壞後，語言的內容變的雜亂而頻繁，而且病人失去理解語言的能力，他認為這一區掌管語言的意義。這些研究，促成了大腦皮層功能區位化（functional localization）的概念。當時，人們熱衷於為不同的心智能力找出其在腦中的掌管部位。顱相學（phrenology）即此一思潮下的產物。

　　這種學術思潮下，Pavlov 認為學習與記憶是屬於大腦皮層的功能。就古典條件學習而言，一個原本不引起反應的刺激（CS）如何能引起反應呢？CS 一定要與 US 配對方能引發

CR，所以關鍵在於CS與US二者間的交互作用：必然在神經系統中有一個地方，原來不對 CS 反應，經過 CS 與 US 的共同作用之後，可以對CS反應。要了解學習記憶的神經基礎，就必須先找到這個 CS 與 US 影響力共同匯聚的所在（locus of closure）。根據這樣的思想，Pavlov 提出一個神經理論，來解釋其在古典式條件學習中所觀察到的種種現象。

他的理論如下：一個感覺刺激的出現會在皮層上造成或引發一個特定區域的興奮。當條件刺激與無條件刺激相繼出現時，在腦中所形成的的兩個神經興奮的特定範圍便會相互吸引，而使得二者之間的聯絡加強。當此種結構或功能上的聯絡強化到某一程度，只要單獨呈現條件刺激，條件刺激區的興奮性，便可透過此一聯絡興奮無條件刺激區，從此引發反應。以今天神經生理與解剖的知識看，Pavlov 這個學習的神經理論相當的不成熟。但是，Pavlov 明白地揭示了兩個觀點：第一：學習的能力是位於大腦皮層；第二、學習的形成是由於皮層上特定部位聯絡加強，所以學習與記憶應與特定的神經連結有關。

二、Lashley 的質量作用與等潛性

Pavlov 這個有關學習與記憶的神經理論，被美國生理心理學家 Lashley 拿到實驗室中加以鑑定。Lashley 的推論是，

學習的形成若有賴於皮層上特定神經聯結的強化與建立，那麼切斷這些連結，必可銷毀學習所產生的效果。Lashley 於是訓練老鼠跑迷津，在迷津中老鼠必須依賴視覺的線索判斷何者是正確選擇。當老鼠學會之後，他在鼠腦的皮層上縱橫切割，或是破壞皮層中不同的區域，目的在於打斷他們之間的聯結。待老鼠復元後，Lashley 又再測驗牠們迷津的表現。結果發現，無論如何的破壞與切割，老鼠跑迷津的行為並沒有受到太大的影響。可見學習的成立，似乎並不依賴大腦皮層特定連結的建立。Lashley 進一步發現，大腦皮層上並沒有那一塊區域和學習及記憶有絕對的關係。切掉一塊皮層之後，迷津的學習與記憶變的較困難。但這行為上的缺陷，卻和切除的部位無關，只和切除的大小有關；切除越多的組織時，則記憶變得越差。Lashley 認為，就學習與記憶這項心智功能而言，大腦皮層上各個部位均具有相等參與潛力，故學習與記憶表現的好壞，端視參與學習的皮層組織多寡而定。這個『等潛』（equipotentiality）和『質量作用』（mass action）的觀點，與當時盛行大腦皮層有所謂『功能區為化』的看法，大相逕庭。

　　Lashley 提出的 質量作用和等潛性 的兩項原則，造成下述影響：既然大腦皮層在參與學習和記憶功能的時候，他的運作方式是大腦皮層上各個不同的部位均有相等的潛力，並且學習好壞的標準不是大腦參與的部位，而是大腦能參與學

習的細胞數目。那麼想要在大腦皮層上找到一特殊部位專門
負責學習便顯得沒有意義，因爲根本沒有這樣特殊的部位存
在。所以 Lashley 的結果發表後，使大家對找學習機制有關
部位的興趣大大降低。

　　這裡涉及到一個很隱微的問題：當初 Pavlov 的問題是 CS
和 US 是如何連結在一起的？他提出的理論是『 CS 和 US 一
起的興奮，他們的興奮性會在腦裡互相地吸引，然後這個吸
引會建造出特定的管道，使 CS 和 US 連結起來。 』 Lashley
在檢驗這個假說時，把注意力放在假說中功能定位（localiza-
tion） 的層次上，認爲要了解大腦皮層對處理學習的機制得
先找到機制發生在那裡，才能就那個部位抽絲剝繭的詳細研
究機制，如果找不到那個部位，那就無從去探討機制的內涵
。 Lashley 找不到負責學習的部位，也就放棄了對學習機制的
探討。事實上，儘管找不到這樣的一個部位，但是 Pavlov 理
論的第一個部分『共同的興奮會形成新的聯絡』並沒有被
Lashley 檢驗到。

三、H. M. 的啓示

　　Lashley 的研究一發表，使得研究學習和記憶神經基礎的
興奮沈寂下去。直到 1953 年左右，H. M. 病例的出現，大家
才又對此方面的研究提起興趣。如第三章所述，H. M. 的大腦

皮層顳葉的內側被切除，被切除的地方包含兩個非常重要的組織。海馬（hippocampus）和杏仁核（amygdala）。H. M. 被切除這兩個部份後，產生了很嚴重的失憶症，於是大家才恍然大悟，記憶存在和形成的部位好像不在大腦皮層，反而皮層下的海馬和杏仁核更重要。於是心理學家 Robert Issacson 重新分析 Lashley 的實驗記錄，發現當 Lashley 做較大的破壞時，往往會傷及正好埋在大腦皮層的內部的海馬和杏仁核，而做比較小的破壞時，就不會傷到海馬。所以 Lashley 所得到的結果說：『當破壞很小的時候，對學習和記憶沒有影響』，可能是因為沒有傷到海馬。

　　H.M. 的病例一出現，大家開始對海馬和杏仁核 非常感興趣。事實上，破壞海馬和杏仁核不僅對人類記憶有影響，後來在其他的動物研究上，也發現了類似的現象，譬如：Lashley 的學生 M. Mishkin ，他根據 H. M. 的實驗結果，同時破壞猴子的海馬和杏仁核，讓他們學習延宕式不對應作業（delayed nonmatching to sample task）。在這個作業中，每一嘗試先給一個樣本，樣本消失後經一段延宕的時間，會出現兩個物體，猴子要選取一個和先前樣本不同的物體方能得到獎賞。所給予的樣本每一個嘗試接不相同，這時候猴子先要學會一項原則--不對應（nonmatching），這雖然也是associative learning，但必須由他自行從變化多端的事例中粹取一個關係法則來，然後根據這個法則去做合適的反應。這個比單純的

連結學習複雜一些。再者，猴子在每一嘗試中必須要記住樣
本是什麼。Mishkin發現當猴子的海馬和杏仁核被破壞之後，
他就無法順利執行延宕式不對應作業。而且當樣本刺激與選
擇刺激之間的延宕時間越長，猴子行為的缺陷就越厲害。
Mishkin以及許多其他人認為從猴子實驗得到的結果非常類似
在 H. M. 所看到的現象。這個結果又重新啟動了學者們對記
憶研究的熱忱。

四、Thompson 與兔子眼瞼制約（eyelid conditioning）

　　生理心理學者Thompson曾經有系統的研究海馬在兔子的
眼瞼條件學習中所扮演的角色（此處的「海馬」是大腦邊緣
系統內的一個組織名稱）。他認為海馬即是 CS 與 US 影響力
匯聚的地方（locus of closure）。Thompson 認為古典條件學習
的形成，是 US 幫助 CS，使 CS 對海馬的神經活動在學習的
過程中有所改變，所以在動物學習眼瞼條件學習的過程中，
量測海馬的神經活動，應會發現此處的神經活動對 US 的反
應在學習得過程中不會產生變化；但對 CS 的反應會產生改
變。在學習初始時，CS 不會引起海馬神經活動的改變，或
引起的變化非常的小，但經過學習後，神經活動的改變會越
來越大，而且神經活動的改變需 CS 和 US 相伴出現才會發

生。於是 Thompson 將電極插入兔子的 海馬中，記錄 海馬 的多細胞活動。他訓練兔子學眼瞼條件學習：聲音（CS）+吹氣（US）→蓋下眼皮（UR或CR）。他發現：剛開始時，CS出現並不會引起任何的海馬多細胞活動。但隨著學習的增加，CS 與 US 多次配對出現，結果在 CS 出現以後，US 出現之前，海馬的多細胞活動就已經開始增加。同時，海馬細胞活動的增加是在 CR 出現之前，即神經活動的增加是早於行為的發生。Thompson 發現在古典條件學習中，CS 和 US 須以固定的時間關係出現，動物才能學會 CR，若是隨機呈現 CS與US，動物則無法學會CR，海馬的多細胞活動也不會隨著CS 的出現而上升。所以海馬的多細胞活動的上升，需要 CS和 US 以一定的形式出現。即多細胞活動的上升和行為的改變有非常密切的關係，兩者的改變在變化上幾乎是同步的。

基於上述結果，Thompson認為他發現了海馬存在著記憶的烙痕（engram：經驗在腦內留下的痕跡，即經驗論 所說的外界經驗在 tabula rosa 所刻下的痕跡）。若engram在海馬內，破壞 海馬，動物就應該學不會古典條件學習。然而 Thompson的學生破壞了兔子的海馬發現兔子仍可學會眼瞼條件反射。若是破壞小腦皮層或小腦深部核（deep nuclei），則該動物學不會古典條件學習；當然這只是一部分的結果，他同時記錄小腦皮層細胞或小腦深部核得神經活動，發現其結果和在海馬所得到的結果完全一樣。所以 Thompson 和其學生認為 古

典條件學習的記憶痕跡是在小腦。

　　以上結果有一些互相矛盾的地方。Mishkin發現猴子的海馬和杏仁核後，猴子學不會延宕不對應作業；但破壞兔子的海馬，仍可學會古典條件學習。所以對古典條件學習而言，小腦皮層好像必要的，而海馬在學習歷程中所展現的變化彷彿是多餘的神經活動。後來發現若切除動物的海馬，則動物只能學會簡單的古典條件學習，卻學不會較複雜的古典條件學習，譬如：CS與US出現的時間相隔得較遠；或是有兩個CS，其中一個（CS⁺）與US相連，另一個（CS⁻）不與US相連，而此關係有時會互換。所以海馬好像對需要一個刺激維持一段記憶然後和事後出現的刺激連結在一起；或者是從刺激間的互相關係來決定如何反應的學習有關，所以學習可以分成很多種類，有些簡單的學習不涉及海馬，複雜的學習涉及海馬，所以在腦中不見得可以找到某一個特定的部位，它去掌管所有的學習，而是不同的作業的要求會需要不同的結構來支援。但若簡單的條件學習不見得需要海馬的支應，海馬的細胞卻有明顯的活動變化，好像是為萬一情勢轉變先做好準備。如此看來，神經系統明顯的是一個有適應能力的系統。學習能力的產生是為了有機體要能應付變動不居的環境，預期到刺激和反應的關係會有所改變，神經系統便未雨綢繆。

第三節　記憶形成的法則

　　如果不同的學習涉及神經系統不同的區域，那我們就沒有必要急著去找腦裡面有哪一個地方是專門管學習的。因爲如此作可能會發現腦裡面幾乎每一個地方或很多地方都跟學習和記憶有關，要看你學的是什麼內容？是簡單的兩個刺激的連結？是刺激和反應的連結？是要在很多個事件當中歸納出一個法則出來？還是要壓抑某些反應來進行特定反應？不同形式的學習可能會涉及不同的神經結構。所以想去找一個專門負責學習的地方可能會徒勞無功。

　　所以當學習和許多神經結構有關時，我們接著要問；當學習發生，這些不相同的神經組織在運作時，有沒有依循一個共通的法則？照同一種模式在運作？。我們已知所有的神經都有一些共同的特徵，比如說：動作電位（action potential），共同的生化分子，陽（陰）離子的穿透……等等。當神經組織參與學習時，會不會也遵守一些共同的原則？我們回顧Pavlov的想法；他關心的問題是CS與US的匯聚點（locus of closure）在哪裡？經過多年的努力得到的結論是不必去找這個地方。但問題轉化成爲：在各個地方CS與US匯聚產生變化的機制是不是相同的？當初Pavlov強調 locus of closure 是

因 CS 和 US 同時發生時，會建立一個聯絡通道。以目前所有的知識，神經要從 CS 所興奮的細胞延伸 US 所興奮的細胞，幾乎不太可能。那我們就得想另外的方式來建立 CS 與 US 的匯聚。

在 1949 時，有一位心理學家 Donald Hebb，他是 Lashley 的學生。Hebb 提出過一個理論：他說在神經細胞裡，數量很多，其突起也相當複雜。他的數目和連結是非常龐大的。所以我們可以預想：每一個連結並不都在良好的情況下。可能有某些連結在解剖（或形體）上存在，可是卻沒有好的神經傳導功能：即是突觸前傳來活動電位時，突觸後不見得產生興奮，學習可以把這個潛伏性的連結轉變成實質的神經連結。他假設有一個三紳經元 A ， B，C 的通路。如果 A-B 間的連結是弱的，而 C-B 是個強的連結，Hebb 說 A-B 間的傳遞連結在以下的情況會被增強：只要每次 A 有活動電位時，B 因其他因素也產生活動電位，或近於產生活動電位時，經歷多次後，A-B 連結就會被增強。你可以看到這想法跟 Pavlov 沒有兩樣，實質上幾乎完全相同，只是 Pavlov 認為 A 會「長」去跟 B 聯絡，而 Hebb 認為是預先長好了，但連結強度很弱。等到每次 A 有訊號時，B 常常也有 反應 產生，這連結就會增強。在兩個情況下當 A 有活動電位進來，B 同時也會有活動：一個是 B 有自發性活動，而每次 A 活動電位進來都和 B 自發性活動配合在一起。另一個更有關的可能是因每次 A 有

輸入時，C剛好也有輸入。A可產生較小的興奮性突觸後電位（EPSP），C對B產生較大的EPSP。如果兩者相加剛好可使B超過活動電位閾限，產生活動電位，久而久之，根據Hebb想法，A-B的連結就會由弱轉強。以後A便可直接使B興奮，這便是著名的海伯法則（Hebbian rule）。

　　如果我們可把A當作CS所興奮的神經，把C當作US所興奮神經，B當作產生UR（或CR之前的）的神經，開始時CS有興奮，但不能興奮UR，但由於US也來刺激時，兩個加起來則超過UR可興奮程度。Hebb說漸漸CS可直接興奮UR，而不再須US刺激。這兒有個問題：如果CS沒有和UR有連接的話，豈不是學習不了任何事？根據海伯法則，如果沒有預先聯結存在，的確會有沒辦法學會。所以並非所有的CS都可跟US形成配對。必須CS和US先有潛在性的匯聚點，所以我們可聯想到理性主義（rationalism）並非全無道理：得先有的藍圖在，才可學習。另一個問題是：是否所有的學習都遵循海伯法則？人類有很多高層次的學習，可以把幾乎毫不相干的東西扯在一起（語言就是一個例子，語言符號和他所代表的意義間是無必然關聯存在的）。那是不是神經系統裡有需要事先預備好所有將來可用的連結存在？以人腦而言，雖有 10^{11} 細胞，各種連結的可能性更是非常之大，雖然不能確定是否任何不可預知的關係都會有預先存在的神經聯結加以因應，但是海伯法則卻可以較圓滿地解釋較簡單

的聯結形成 。在追尋心智活動的基礎時，我們不期待立即就
能解決非常難的學習，而是從簡單的一步步來。

‖ 第四節 ‖ 海馬的長期增益作用

　　Hebb 這想法只是他 400 頁書中的一句話（可能是無心），
他不知道這句話對後來影響多大。過了約 30 年後才有一些實
驗證據說明 Hebb 的確有先見之明。這個證據是在海馬發現一
現象叫做長效增益作用（long-term potentiation, LTP）。這現
象顯示海馬裡的神經細胞在經過特殊刺激以後，會留下痕
跡，使得以後對刺激的反應有所改變。這個改變是相當持久
的（以小時或天計算）。修過生物學的同學或許知道肌肉有
所謂強直增益作用（post-tetanic potentiation）現象，當肌肉受
到一連串高頻率的刺激後，在一段短暫的時間裡，肌肉對新
刺激的反應會變強。這是一個中國科學家馮德培發現的，叫
馮氏效應。馮氏效應的產生需要一非常高頻的（超過生理限
度之外）刺激，而且僅維持幾分鐘左右。

　　在 1970 有兩位科學家 Bliss 以及 Lomo 他們發現海馬的長
效增益現象。內嗅皮質細胞將其神經軸突送至海馬裡去，與
海馬的細胞形成突觸，假設我們切下一片海馬切面，會有兩
群細胞，排成兩個英文字母的 C 字形，C 字的缺口是互相對

著的。較大的一個 C 是海馬的錐狀細胞（pyramidal cells），較小的一個 C 字是屬於齒狀回（dentate gyrus）的粒狀細胞（granular cells）。內嗅皮質的神經軸突進入齒狀回後，與粒狀細胞的樹突形成突觸。刺激內嗅皮質的神經軸突，可以在齒狀回細胞附近記錄到一個群體細胞反應（population response）。如果我們在時間t_1給一標準刺激，記下其所引起的反應。接著在t_2給與高頻（100 Hz）刺激 1 秒鐘。稍後在時間 t_3 時再給先前的單一標準刺激，我們發現同樣強度的標準刺激在t_3所引起的反應變得比t_1大（即每一細胞較易興奮並有更多的細胞興奮）。經歷過高頻刺激後，粒狀細胞的靜止電位一樣在-70mv 左右。經過一段相當的時間，於 t_4時再給一刺激，所引起的反應還是很大加並未消退。 t_3和t_4可相隔 6 小時甚至幾十天之久；也就是說細胞受到強烈刺激後靜止狀態並沒有改變，但遇到刺激時可有約兩倍的反應。這好比「吾與回言終日，不違如愚」：大家修了半學期「心與腦」，平常老師不問你也不知道吸收了多少。但只要我發考卷下去，就能引出你們腦中的知識來。

　　Bliss 與 Lomo 認為這個現象很像記憶，在 1973 年的論文裡說道，這是第一個在神經生理上發現的記憶可能機制。它發生在一個和學習有密切關係的地方，並且所給的刺激符合生理的容許範圍。所持續時間也比肌肉的強直增益作用長很多倍。後來的證據顯示長效增益作用和記憶有密切關係。另

外 長效增益作用有聯結的性質（associative LTP）。某一細胞
B 接受兩個輸入 A 與 C。A 和 B 形成很弱的連結，C 和 B 形
成很強的連結。如果 A 在 t_1 給單一刺激，於 B 只能記錄到很
小的反應，t_2 時給一串高頻刺激，稍後 t_3 時 A 再給單一刺激，
B 在 t_3 的反應和 t_1 時一樣，並沒有顯出增加的情況。相反的，
若在 C 先給單一刺激可在 B 可引起大的反應，接著 C 接受一
串高頻刺激，然後再給單一刺激，原來 B 已經較大的反應會
變得更大。換言之，高頻刺激可以增益強聯結 B-C 的反應，
但對弱聯結 A-B 卻沒有效。

　　有一種方法可以促進 A-B 間的聯結，即是 t_2 時在 A 和 C
同時給高頻刺激，然後在 t_3 時再以單獨刺激測試 A，便可發
現 B 對 A 的反應增強了；即在 C 的幫忙下，A-B 聯結是可以
由沒有效力的弱聯結轉成有效力的強聯結。這與古典條件化
中 CS 和 US 聯結的現象完全相符。研究發現 CS 能製造最好
的的 CR 是 CS 在 US 出現前 0.5 秒前出現。高頻刺激施予在 A
和 C 兩個輸入神經的時間間隔最好也不要超過 0.2-0.5 秒，我
們也發現若 US 先給，再給 CS，不能產生古典條件學習，一
定要 CS 先 US 後，所以我們發現這個運作非常符合古典條件
學習的現象，而且也符合 Hebbian rule，這個是在細胞層次上
支持 Hebb 的想法。

　　何以弱的刺激能在強的刺激協助下產生長效增益作用？
其原因涉及長效增益作用產生的機制。研究發現長效增益作

用的引發，需要細胞上一種麩胺酸（glutamate）受體的興奮，這種受體對於氮甲基天門冬胺酸 N-methyl-D-aspartate 十分敏感，所以被稱之為NMDA受體。NMDA受體控制了一個正離子管道。當NMDA受體興奮時，該離子管道會打開，容許鈣離子進入細胞之中。一旦鈣離子進入之後，便會引發許多生化的反應，使得細胞對刺激有較大的反應，造成長效增益作用。NMDA受體的興奮需要有兩個條件：首先需要有神經傳導素與之結合，其次需要細胞膜的膜電位有相當程度的去極化。原因是傳導素的結合雖然可以讓 NMDA 控制之管道打開，但此管道旋即為鎂離子所阻塞，一定要細胞膜的膜電位提昇到相當程度方能將鎂離子的阻塞排除，讓鈣離子能通行無阻。

　　就一個強聯結的突觸而言，麩胺酸的釋放，不僅可以與NMDA受體結合，也可以讓細胞達到相當程度的去極化，因而鈣離子可以大量的進入細胞，產生長效增益作用。但在弱聯結的突觸就不會如此順利了，麩胺酸的釋出雖然可以結合NMDA受體，但卻不足以產生足夠的去極化，因此鈣離子因通道阻塞無法衝入細胞之中，長效增益作用自然不會產生。但是若強與弱的輸入同時受到高頻刺激，則弱聯結所釋放之麩胺酸負責與突觸內之NMDA受體結合，強聯結所釋放之麩胺酸負責在其他突觸導致細胞膜強力的去極化，二個力量合作便能造成弱突觸的強化。所以海伯法則的運作，可以一直

追蹤到細胞膜上NMDA受體分子的機制。就爲行爲尋找生理
機制而言，沒有一個例子比海伯法則更具啓發性。一個依循
經驗主義哲學思想所提出的運作模型，不僅足以解釋行爲現
象，並且在神經系統、神經細胞以及生化分子的層次一一找
到相對應的機制。「心靈」不再是形而上的概念，它的運作
可以一直約化到分子的層次。藉著這些鈣離子的進出，你記
住了以上有關於記憶產生的神經機制。

┃第五節┃ 記憶的強化─杏仁核的角色

　　我們每天經歷過無數的事情，但只有很少數的經驗會在
腦海中留下不可磨滅的記憶。何以有些事情刻骨銘心，有些
卻是過眼雲煙？是誰對經驗作了選擇？這便牽涉到杏仁核的
角色。杏仁核是邊緣系統位於顳顬葉內側的一個神經核。
Kluver及Bucy發現猴子在切除其兩側的顳顬葉後，一方面失
去野性而變得溫馴，另一方面他對過去所畏懼的許多自然或
社會刺激不再害怕而膽敢加以玩弄。這種心盲（psyche blind-
ness）意味對刺激的意義不復辨認。稍後證實這些明顯的情
緒變化是源於顳顬葉內的杏仁核受到破壞。另一方面Penfield
與Perot發現以輕微的電流刺激癲癇病人的顳顬葉內側可以引
發聽覺或視覺的心象（auditory or visual imagery），這些心象

都伴隨著似曾相識的記憶感受。杏仁核的癲癇較海馬癲癇可以引發更高頻次的記憶心象。在靈長類中,破壞了猴子的杏仁核便無法進行跨感覺模式的聯結學習(cross-modality asso-ciative learning)。許多大白鼠的研究也顯示,在涉及情緒經驗的學習作業前後,以不同的方式刺激或擾亂杏仁核的功能會對記憶有促進或妨礙的效果。這些發現使得杏仁核成為探討情緒與記憶是否存有交互作用的好所在。

過去十年來我們一直利用大白鼠的抑制型逃避學習(in-hibitory avoidance learning)來研究與記憶有關的神經歷程。這個學習工作是在一個長方形的穿梭箱中(shuttle box)進行。穿梭箱由一個活門分成明暗兩部分。在一個嘗試開始時,大白鼠被置入明處,當他面向活門時,活門會降下使得大白鼠見到狹長而黑暗的一端。性喜黑暗的大白鼠會毫不遲疑的進入暗處。當他走到暗端盡頭時,活門立即關閉。此時地板上會通過一個 電流。這使得大白鼠對黑暗的環境產生不愉快的經驗。當他再度被放入明處時便會遲疑不進入暗處,與他先前的行為大不相同。這種嫌惡性學習(aversive learning)只需要一個嘗試即可完成,其記憶可歷久不衰(一個月),猶如人類「一朝被蛇咬,十年怕井繩」一般。這個學習作業明顯的涉及情緒經驗。

波蘭的生理心理學家 Konorski 指出,學習要促成神經聯結的改變,除了有關的感覺神經需將訊號同時送入一個共同

的細胞外，該細胞也要得到其他的振奮性輸入。這些振奮性輸入可以由學習所激起之情緒反應提供。情緒反應作用於腦幹之一般性振奮系統。這個系統有廣泛的投射神經，因此不論與學習有關的細胞位在腦中任何區域，他都可以產生必要的助益作用。根據這個想法，阻斷了學習時的情緒反應當會對學習與記憶的表現有所影響。我們過去的研究顯示：在大白鼠學習抑制型逃避反應前後施以抗焦慮劑buspirone（5.0 mg／kg）皮下注射，降低大白鼠在學習抑制型逃避反應時的情緒作用，對爾後的記憶表現有持久的不利影響。因此，情緒經驗是有助於記憶的。

　　何以涉及情緒之經歷會留下長久的記憶？目前知道原因之一與情緒反應中的激素分泌有關。情緒的亢奮常常伴隨著血中多種激素濃度的上升。許多研究顯示在周邊循環的腎上腺素（epinephrine）具有促進記憶的作用。此外，一些因壓力而分泌出來的激素也有相同的效果。這些激素可以增進多種不同的學習工作的記憶表現，而且隨注射時間越接近，學習訓練增進的效果越大，因此它們應該作用在將暫時記憶變成長久記憶的記憶穩固歷程。一激素可以同時促進趨悅學習（appetitive learning）與嫌惡學習（aversive learning），這便難以用單純的酬賞或處罰作用來解釋。

　　杏仁核顯然是記憶調節因子產生作用之所在。研究指出，杏仁核被毀除後周邊腎上腺素促進記憶的效果就消失了。同

時，切斷迷走神經可以阻斷周邊腎上腺素促進記憶的效果。
因此周邊腎上腺素可能透過臟器輸入神經（visceral afferents）
間接影響到杏仁核的功能。由於在杏仁核中注射正腎上腺素
乙型受體的拮抗劑 propranolol 也可阻斷周邊腎上腺素促進記
憶的效果，因此腦幹中含正腎上腺素神經核可能扮演一個中
介者的角色。研究指出，在周邊注射促進腎上腺髓質分泌的
藥物可以增進腦幹中藍班核（locus coeruleus）的活動，藍班
核是通往前腦正腎上腺素神經最重要的起源之一。興奮藍班
核確實會對逃避反應之記憶有促進的作用；而這個促進效果
至少有部分可以被阻斷杏仁核內之乙型受體所逆轉。相反
的，學習後立即壓制藍班核的活動則不僅有礙於記憶，也阻
斷了周邊腎上腺素對記憶的促進作用；這些損害可為杏仁核
內注射正腎上腺素所部分緩和。

　　大家最關切的莫過於這樣的神經運作是否也出現在人類
語文學習與記憶中。實驗證據說明了確實如此。Cahill 令受
試者閱讀一個故事，故事有些情節會引發激動的情緒，有些
在情緒上是中性的。他們在一段時間後抽驗受試者對故事的
記憶。結果發現對情緒情節的記憶遠較非情緒情節為佳。有
一部分的受試者在閱讀故事之後接受 propranolol 的注射，阻
斷了周邊與中樞的爭腎上腺素乙型受體，這些受試者對情緒
情節的記憶受到 propranolol 的損害，而對非情緒情節的記憶
則不受影響。這個結果告訴我們，情緒興奮一樣會促進人類

語文記憶，而且也是透過正腎上腺素乙型受體進行。最近還有一些證據顯示人類的杏仁核在記憶與個人有切身關係的事件上扮演重要的角色。

　　這些結果可以綜合如下：腎上腺素在周邊可能興奮臟腑神經，刺激了橋腦中的藍班核，使其廣闊的前腦投射區放出正腎上腺素，間接透過杏仁核影響到記憶的功能。上述這些實驗的結果為情緒經驗如何會留下長久的記憶提供了一個大致的輪廓：情緒激動會導致激素分泌，它們除了有助於應付當時的危機之外，還會直接或間接的促進杏仁核內正腎上腺素神經活動。這樣的活動可以幫助正進行中的經歷留下長久的記憶。從演化的觀點看，這是一個避免有機體重蹈覆轍的適應性設計。在這個設計中，杏仁核不單應付現況，還負責化剎那為永恆：決定日常經驗何者成過眼雲煙，何者會刻骨銘心。啟動杏仁核的正是情緒於身體內在環境（internal milieu）中所造成的洶湧波濤。一如 Damasio（1994）在其近作『Descartes' Error』中所說的：心與腦二者的交互作用其實是心、身與腦三者的交互作用。明乎此，當可了解古人讀書何以在「頭懸梁、錐刺股」的情況下，能有較好的表現。

‖第六節‖　結論

　　從上述的討論中，我們知道記憶是有很多不同的形式，每一種記憶在腦中極可能是由一個分佈的系統加以表徵。長效增益作用是記憶形成的一個可能的機制。身體的情緒感受協助我們選取一些應該要永久保存的事件。這些都只是記憶的通則而已。真正能滿足人類對記憶好奇的，可能是記憶的特殊內容在神經系統中表徵的方式，對於這個真正的問題神經科學家才正開始研究。

參考文獻

梁庚辰（1985）。探索學習與記憶的生理基礎。「科學月刊」，*16(11)*，838-848.

梁庚辰（1990）。記憶因子的追尋。「科學月刊」，*21(12)*，44-53.

梁庚辰（1992）。「海柏法則與訊息保存」。第一次認知科學研討會論文（地點：台北市台大理學院）。

梁庚辰（1992）。海伯：理念上的行為神經科學家。見於黃榮村（主編），「心理與行為研究的拓荒者」，（頁129-176）。台北：正中書局。

梁庚辰（1992）。懸樑刺股的現代觀。見台大學生心輔導中心編，「大學，大學」，（頁49-60）。台北：台灣大學。

圖形辨識的探討

❧ 張　濵 ❧

第一節 引言

　　首先讓我問你一個問題：當我們張開眼睛看外在的世界時，我們的腦子裡是否有一個像電視螢幕那樣的東西把畫面呈現出來呢？你也許會說：「當然沒有！電視螢幕呈現的是一個供人收視的畫面，而人所看到的卻是這個畫面進入腦子裡的後果。」更深思的人會說：「如果我們假定人的腦子裡有一個螢幕，我們就不得不假定還有一個小人在觀看這個螢幕。然而，如此一來，我們又不得不假定這個小人的腦子裡還有一個螢幕，以及另外一個正在觀看該螢幕的小人。因此，『小人』的講法不但沒有解決問題，而且還會製造出無窮多重複的問題來。」

　　但是，也許會讓你感到訝異的是，有相當多的實驗證據顯示，人的腦子裡的確有一個像電視螢幕那樣的東西存在。假如說，我們的眼睛是拍攝畫面的攝影機，那麼我們腦皮質的第一視覺區（primary visual cortex）就是收視畫面的螢幕。介於眼睛的視網膜與腦部的視覺區之間有為數龐大的神經細胞將前者所攝取到的視訊以幾乎**一對一**的方式送到後者去，這就像是電視螢幕後的電子槍以一對一的方式將視訊送到螢幕上一樣。

　　不僅如此，我們都知道，電視機的螢幕上呈現的色彩其實是紅、綠、藍三種顏色的組合。也就是說，電視機裡的電子槍只送出三種訊息，分別代表色彩裡的紅、綠、藍的成分。無獨有偶的，我們的視網膜裡也只有三種錐狀神經細胞分別將上述的三種顏色成分送到腦皮質去。

　　更有趣的是，我們腦皮質的第一視覺區不僅收視眼睛所送來的畫面，而且也負責呈現我們自己所想像的畫面。我們怎麼能知道這一點呢？有一個非常聰明的觀察是這樣進行的（Farah, 1995）。我們都知道人的腦皮質有兩個半球。有一位病人因為罹患了腦癲癇，醫生必須除去她某個半球裡視覺區所佔據的位置。在手術前，神經科學家要求這位病人想像一匹馬，並且想像牠剛好佔據了她全部的視場，然後科學家要她估計自己與這匹馬的距離。一段日子以後，醫生為這位病人完成了手術，科學家又要求她做同樣的想像並重新估計自己與這匹馬的距離，結果他們發現她在手術後估計的距離變長了（由原來的 15 英尺變成了 35 英尺）。

　　為什麼馬的距離會隨著一個視覺區的消失而有所變化呢？那是因為一個視覺區的消失導致病人的視場縮小。而後者的縮小讓病人覺得馬的位置變遠了（圖 8-1）。我們現在可以很快來做一個實驗。首先，我們用自己的兩眼觀看，並注意視場裡從左到右的範圍。然後我們閉上一眼，用剩餘的一眼觀看。這時大家應該可以留意到，關閉一眼以後的視場變小

了。這個縮小的視場說明了當病人失去了一個腦視覺區以後
她的視場範圍也縮小了，因為腦視覺區所決定的視場範圍與
眼睛所決定的範圍是一致的！

圖 8-1　同一匹馬的大小不同會使人認為牠的遠近不同

　　那麼，第一視覺區的功能看起來真的與電視螢幕一樣了。
然而你又會問：「那麼到底是誰在觀看這個螢幕呢？剛剛我
們才振振有詞地駁斥了『小人』的理論，難道現在它又有復
活的機會了嗎？」但是，先別急！腦子裡的主體與客體（誰
在看與誰被看）的問題是個極端棘手的問題，並不那麼容易
以安樂椅上思考的方式來解答。在這章的後半段，我還會回
到這個問題上。但為了暫時滿足一下你的好奇心（請相信
我，這可不是這門課裡最容易做到的一樁事），我先提出如
下的看法來。
　　問題的關鍵出在，我們假定了腦子裡必須有一個人或一
個單位來負責觀看的工作。然而，腦子裡其實有許多單位同
時在進行很多與觀看有關的工作：有的負責分析影像的形

狀，有的分析它的顏色，有的負責對它做辨識，有的負責尋找它的名稱，等等，它們的合作與協調完成了觀看的程序。因此，如閔斯基（Marvin Minsky）所說的，我們的腦子是一個由許多單位所組成的心靈的社會（Minsky, 1985）。

這個觀點初看起來實在非常荒謬。你會認為，當我們看到一個東西時，我們看到的是這東西的全部，而不是一堆由各個單位所分析出來的零件。然而事實真的是這樣嗎？讓我們想想，當有人問你在看什麼東西的時候，你會說：「我看到一張臉孔。」然而當人再問你這臉孔裡的鼻子是什麼形狀時，你也許會說：「等一下，讓我再看一眼。」如果你看到的是一個完整的東西，為什麼你要再看一眼才能確定鼻子的形狀呢？

我們將在後面講到，我們的腦子會將它所從事的活動有系統地貫串起來。也就是說，當我們看到一個蘋果，我們不但可以看到它的顏色，而且會聯想到它的味道、它的名字、這名字的意涵、甚至這個蘋果出現在這裡的原因，等等。這些元素不一定會在同一時間出現在我們的腦子裡，卻可以很快地由一個喚起另一個來。有時候，即使有些物件（如鼻子的形狀）還不存在於我們的腦子裡，我們也可以藉由某些方式（如，再次觀看）去外界尋找。

我們的腦子與電視機不同的地方在於，它不僅僅像電視機那樣將某些畫面呈現出來，它還會同時分析這畫面裡的色

彩（或黑白），物體的形狀、特徵，並辨認它們的**樣式**（pattern）。不僅如此，它還可以利用分析出的與料以及它自己所預貯的知識來導引我們的眼睛去搜尋或追蹤感興趣的物體，並忽視不感興趣的東西。

　　當然，在座裡還有許多人會懷疑這些是不是就是人腦全部的功能。然而，在你有機會想到更多問題以前，就讓我就這麼講吧：如果你想談論其他有意義的問題，你必須先通過認知問題這一關，而這也是本章的主題。所以，就請你耐著心繼續聽我講下去吧！

第二節　圖形辨識的問題

　　我們在上面提到，人的腦子不但將人所看到的畫面呈現出來，而且還會在其上做許多分析的工作。這些工作也構成了觀看過程的一部分。現在我們要問的是，人腦是怎麼對畫面作分析的？你也許會說：「我雖然不曉得詳細的過程，但我可以想像我們的腦子必然是採取由簡入煩的方式。也就是說，它會先從色彩、線條、形狀著手，然後將這些簡單的元素兜入較複雜的形式，較複雜的形式再兜成更複雜的形式，等等。至於人腦最終怎麼會認識它所看到的物體？那一定是因為它事先已被教導這些物體的名字，所以當它再看到這些

物體時，便能夠講出它們的名字來。」

　　然而當我們仔細去思考這個問題時，我們馬上會碰到一些困難。首先，我們的視場有如浩瀚的大海，腦子怎麼知道視場裡的哪些元素應該聚合成複雜的形式呢？你也許會說：「我雖然不很清楚答案在哪兒，但我相信人腦裡存在著某些先天的機制可以自動決定哪些元素該和哪些元素組成什麼形式。」然而這種訴諸先天機制的看法不但沒有解決剛才所提出的問題，而且也與事實不合。

　　我們每天張開眼睛，就會看到許多東西在我們的面前。我們不一定認得出裡面每一樣東西，但起碼能夠知道個別的物體在哪裡。這樣的經驗會讓我們以為這種能力是與生俱來的。然而，在《火星上的人類學家》這本書裡，我們讀到一個自幼失去視覺但經過手術得以復明的人。當他張開眼睛以後，他所看到的世界是什麼個樣子呢？據他自己說，那裡面充斥了不斷變化的光線與色彩，除此之外只是一片混沌。那些對普通人來說是明顯存在的東西（如身邊的桌椅），他卻沒有能力看到它們，更不要說能認出它們來，雖然他在復明前也能靠觸覺來感知它們（Sacks, 1995, 第四章）。

　　上述的例子告訴我們，「物體在哪裡」對人腦來說並不是一個簡單的問題。我要在下面進一步告訴你的是：即使在原則上，這個問題也不是如我們所想像的，只是一個由簡單形式走向複雜形式的過程。

在下面，為了讓問題能夠清楚地浮現出來，我要將本章的討論裡加入一個特別的題材：文件的分析與識別。我使用這題材的理由有幾個。第一，它是我掌握得比較好的題材之一。其次，我必須把焦點集中在某一個題材上，才容易把問題的關鍵交代清楚。第三，文件的分析與識別具有某種程度的代表性，足以讓我們將想法推廣到其他的題材上去。現在，就讓我繼續講下去吧。

第三節　影像處理

對我們的眼睛來說，同一片葉子在白天和黃昏的日照下都是綠色的。然而如果使用攝影機去拍照，我們會發現黃昏的葉子在影片上顯得偏紅。如果使用光譜分析儀去測量不同光照下的葉子，我們也會測得不同的波長。攝影機或光譜分析儀做不到的事，我們的眼睛是如何做到的？拍立得照相機的發明人**藍德**（Edwind H. Land）在七○年代提出了一個理論來回答這個問題（Land, 1977）。他的理論告訴我們，眼睛上的三種錐狀神經細胞並不是記錄三種不同的顏色，而只是記錄三種波長的強度。這些訊息送到我們腦皮質以後，還要經過下面的程序才能得到顏色的判定。①均勻化：對同一個表面（surface）上的光強度作均勻化的處理。②對比：尋找出

各個表面的邊緣，以便求取相鄰表面的光強度的比例。③正
規化：根據所有相鄰表面的光強度之比例來重新決定每一個
表面上的顏色。

　　藍德的理論告訴我們，我們所看到的色彩並不是直接從
外界移植到腦子裡來，而是經過腦子的處理與分析以後才得
到的。不僅如此，色彩是隨著物體的表面而變化的，我們的
腦子（而非眼睛）傾向於把同一個表面上的光看做同一種顏
色。換言之，色彩的分析與物件的切割之間有密不可分的關
係，後者的任務是設法把物體從背景中「抽取」出來。

　　藍德所提出來的是一個理論模型，或一種計算法則（al-
gorithm），但還無法對腦神經系統的運作做更精緻的描繪。
事實上，人類對腦部的知識還不豐富到足以構造一幅完整而
精確的圖像來，因此很多對人腦的看法都只是一種猜想，或
一種理論。但是如果這些猜想越詳盡，它就越能提供我們進
一步研究腦子的方法。比如說，如果有人能夠根據藍德所提
出的看法發展出一套計算法則，說明形體的分析與色彩的分
析如何相輔相成，我們就可以利用電腦來運作這套法則，看
看所分析出的色彩與人腦的判定是否相符。另外，我們也可
以進一步去做人腦的研究，看看負責分析色彩的神經區域與
負責分析形體的神經區域之間是否有息息相關的活動，等等。

　　我自己在文件的影像處理上也遭逢到類似藍德所面對的
問題。文件的影像分析所要做的是將掃瞄機所取得的影像做

黑白二元化的處理。為什麼要從事這樣的工作呢？原來掃瞄機初步所得到的是灰階的影像。也就是說，影像中的每一個點其實有 256 個可能的灰階，灰階越小表示亮度越低。二元化的工作就是把每一點上的 256 個可能的值轉換成兩個可能的值，分別代表原文件中的黑與白。

　　表面看來，這個工作似乎很簡單。文件上不是本來就有黑白兩種色彩嗎？是的，但請看圖 8-2 中的兩個組織圖（histogram）。其中水平軸上的刻度代表一個灰階的值，刻度上的直線則代表文件影像中一共有多少點具有該灰階值。圖 8-2 中的上圖是從一張銅板紙的印刷品所建構的，而下圖則建構自報紙上的一個方塊。我們可以注意到，這兩個組織圖裡灰階的分佈並不相同。在上圖中，影像的灰階相當均勻地分佈在 0 到 255 之間。而在下圖中，影像的灰階則集中在 0 與 180 之間。這是兩個組織圖的第一個差異。

　　其次，我們看到上、下圖中各有兩個高峰，分別代表影像中大部分文字的亮度與背景的亮度。但上圖中的兩個高峰相距很遠，而下圖的兩個高峰則相距較近，顯示這兩個文件黑白的亮度並不相同。然而我們的眼睛（或腦子）卻同樣地視兩者的文字為黑，背景為白。這個現象與藍德在彩色的狀況所觀察到的相似。

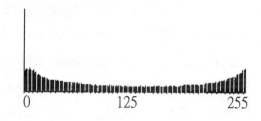

來自銅板紙印刷品

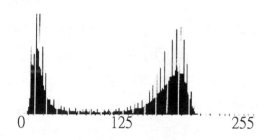

來自報紙

圖 8-2　兩個組織圖

　　從圖 8-2 的例子，我們可以結論，使用一個固定的閾值
（threshold）無法處理二元化的問題。比如說，你不可能使用
128（256÷2）作為黑白的分界線，亮度低於 128 的為黑，而
亮度高於 128 者為白，等等。

　　那麼，實際上我們應該怎麼做呢？一種簡單的方法是在
組織表裡兩個山峰之間尋找一個合理的分割線。至於哪一條

直線才是合埋的分割線？最常用的方法是Otsu的統計學方法
（Otsu, 1979）。我不在這裡說明這個方法了。如果你有興趣
的話可以參考文獻上的記載。

統計學方法的好處是，黑白分割線的位置是由影像的灰
階分佈來決定的，而不是一個先定的值。但這個方法並不能
把原文件中的黑白區分精確地反映出來。原因何在？我們只
要再看一眼圖 8-2 的兩個組織圖，就會發現圖中雖然有兩個
明顯的高峰，但還有許多點散佈在兩個高峰之間。這表示如
果僅靠一個閥值來決定黑白的分野必然會造成許多誤判的情
況。

為了解決上述的問題，我們可以採取下面的補救方法。
首先，我們仍然採取統計方法計算出一個閥值。假定這個數
值為 T，我們可另外取兩個值 T1 與 T2（T1 < T < T2），並
且做下面的設定：如果一個點的灰階低於T1，則此點設定為
黑點。反之，若此點的灰階高於T2，則此點設定為白點。如
果一點的灰階是介於 T1 與 T2 之間呢？我們必須求取更多的
資訊以便做進一步的處置。

一個可使用的資訊是每一點的灰階與鄰近點的灰階之差
異。然而，我們要把鄰域（鄰近點的集合）設得多大才合適
呢？我們會發現，鄰域的大小必須隨著字體的大小調整。如
果字體大而鄰域設得過小，則位於文字裡的點很容易被誤判
為白點（圖 8-3）。反之，如果字體小而鄰域設得過大，位於

圖 8-3　左：字體大而鄰域設得過小；右：鄰域設得符合字體的大小

讓遠在離島服役的畢業

隊之一的張麗霜表示，

頭一遭。政大課外活動

動，但是今年的「畢業

往年政治大學在暑假

讓遠在離島服役的畢業，

隊之一的張麗霜表示，

頭一遭。政大課外活動

動，但是今年的「畢業

往年政治大學在暑假

圖 8-4　左：字體小而鄰域設得過大；右：鄰域設得符合字體的大小

文字內的白點又容易被誤判爲黑點（圖 8-4）。

　　你也許會說：「這可是我聽過最奇怪的作法！黑白二元化的目的不是在尋找構成文字的黑點嗎？怎麼你現在反而要

靠文字來判定黑點呢？」不錯，這方法乍聽起來可真奇怪。
但這正是我要在這裡強調的：所有與腦子運作有關的事情乍
聽起來像上面的作法一樣奇怪。這共同奇怪的地方在於，**為
了要分辨一個物件，我們常常要對這個物件所在的脈絡（con-
text）也要有所瞭解**。感到奇怪嗎？然而，我們不也常常使
用同樣的方法來幫忙辨識嗎？下面是一張故意拼裝錯誤的圖
（圖 8-5）。它的構成方式是這樣的：首先將一張圖畫切做六
等分，然後將這些部分用隨機的方式重新組合起來（此方法
來自 Biederman et al., 1973)。請問你能夠認出左上角的那一部
分是什麼嗎？

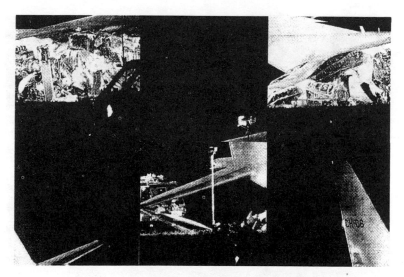

圖 8-5　分割後再以隨機方式重組的圖片

　　大概很少人能夠看出個究竟來。然而，如果我要你看看圖 8-5 的原圖（圖 8-6），你必然會毫不費力就認出那整個圖畫來，而且還可以指認它的哪一部分對應於圖五的左上角。做過這個實驗後，你會說：「好吧！我承認脈絡對認知的作用力。但是，這對我來說仍然是沒道理的事。我們的腦子怎麼會讓一個大的東西去影響一個小的東西呢？」

　　回到文件分析的題材上，對上面的問題我們可以做這樣的解答。我們可以先使用統計分析所計算出的閾值來決定一個黑白二分的圖畫。這樣的圖畫儘管粗糙，但已足夠豐富到讓我們進一步去把文字的位置尋找出來。然後，我們用後者

圖 8-6　原圖

的知識進一步去做更精緻的黑白二分的分析工作。

上述的方法可通稱為調適性的分析（adaptive analysis）。也就是說，我們先讓一個模組去求取初步的結果。這個結果再交由另一個模組去處理，得到進一步的結果。後者再交由第一個模組去處理，求取一個更精緻的結果出來。在上述文件的分析裡，第一個模組負責的是黑白二分的工作，而第二個模組負責的則是尋找文字的工作。於是這兩個模組之間的關係便可以用**圖** 8-7 來表示。

黑白二元化 ⟷ 尋找文字

圖 8-7　兩個模組之間的調適關係

我剛才說過，腦部裡存在著許多不同的運作單位。上述的工作關係對於腦部的各個單位來說可是再合適不過了，這是因為介於各個單位之間本來就有許多神經迴路（recurrent neural circuits）的存在。這些神經如果不從事上述的工作，它們又能做什麼事呢？

再回到文件分析的例子去。我曾經講到，藍德提出了一個理論模型用以解釋腦部如何從事色彩的分析。還記得他的看法嗎？他認為，我們腦部必須在視場裡找出各個可能的表面來，並將同一表面上的光強度作均勻化的處理，等等。但是，腦部怎麼能在視場裡尋找到各種不同的表面呢？你看，

藍德在色彩的分析上和我在文件分析上都碰到了相同的問題。我的解決方案和藍德的方案雖然不盡相同，但我們在精神上則是一致的，也就是說，**我們需要依靠一些高層次的東西來解決低層次的問題**。事實上，我等一下還會把這個原則運用到其他的問題上去。

在離開這一節以前，我將兩個不同的黑白二元化的結果顯示於下面（圖 8-8）。左圖呈現的是單純使用統計分析所得

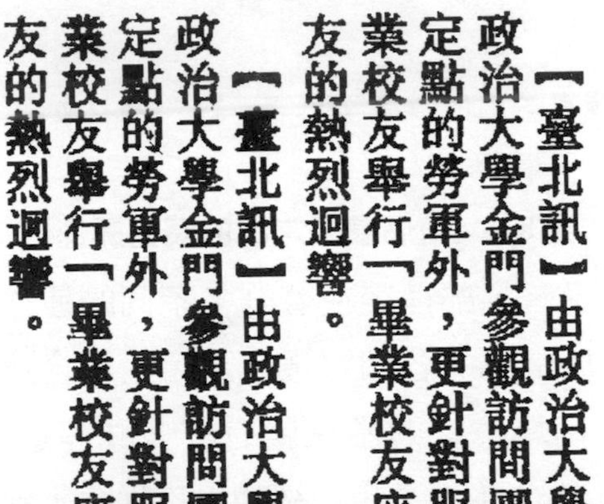

【臺北訊】由政治大學師生組成的「政治大學金門參觀訪問團」，今年除了定點的勞軍外，更針對服役於金門的畢業校友舉行「畢業校友座談」，贏得校友的熱烈迴響。

【臺北訊】由政治大學師生組成的一政治大學金門參觀訪問團」，今年除了定點的勞軍外，更針對服役於金門的畢業校友舉行「畢業校友座談」，贏得校友的熱烈迴響。

圖 8-8　兩種黑白二元化的結果

到的二元化結果。右圖顯示的是上面所描述的更精緻處理的結果。你是否同意後者的效果較前者為佳呢？

第四節　尋找文字

我在上一節說明了如何利用有關文字的訊息（位置與大小）來協助區分文件影像的黑白。現在我再來談談如何在文件影像中尋找（切割）文字的問題。日常經驗告訴我們，我們並不需要辨認文字便能把文件裡的文字尋找出來。文件上的文字通常都呈現極明顯的規律排列。為了尋找這些規律，我們可以使用一種非常有用的線索。在下圖（圖8-9），我們看到六條橫線。相信每一個人都會感覺到有一條隱形的直線緊貼在六條橫線的右端。我們可以利用同樣的原理來尋找文件裡隱藏的直線來。

在圖8-10中，我將一個文件的原圖置於右下角的。左上角的圖顯示的是所有穿越原圖的水平白線。白線的定義是一

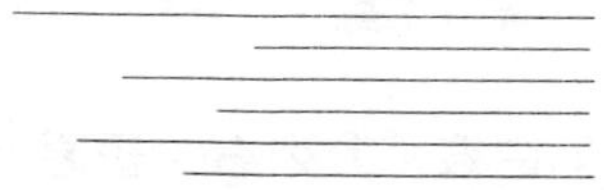

圖 8-9　右端對齊的橫線，使右端看起來有一隱形直線

連串長度夠長的白點（中間可容許極少數黑點的存在）。右上角的圖顯示的是所有穿越原圖的垂直白線。圖 8-10 的左下角的圖顯示的則是水平與垂直白線交疊的情況。從這一張圖，我們已經可以很清楚地看到文字所在的位置及大小了。

當然，你可以看到，這樣的分析結果還嫌粗糙，有些文字並沒有被乾淨地切割出來。欲得到更好的結果，我們還得

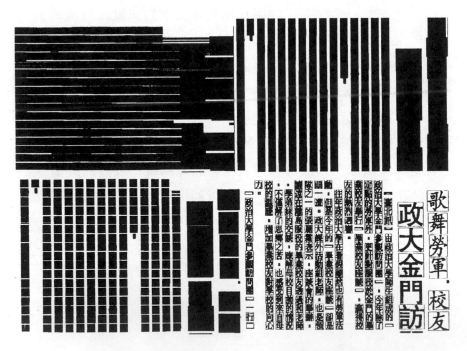

圖 8-10　　上列左：水平的白線。上列右：垂直的白線。下列左：水平與垂直的白線共存。下列右：原文件與尋找出來的文字（置於方框中）。

進一步做一些分析的工作。但要點是，圖 8-10 的左下圖已經提供了一個好的出發點。在右下圖，你可以看到被找到的文字已經用方格子框了起來。所以，這個圖畫既包含了原來的文件影像，又顯示了文字切割的結果。

　　然而，我在上面所描述的方法是不是足夠應付所有的情況了呢？如果文件裡只有整齊排列的同型文字，那麼上述的方法已綽綽有餘了。但我們都知道，文件中除了文字以外，還常常夾有圖畫。所以，除了尋找文字以外，我們還必須把文字與圖畫區分出來。再者，如果同一個文字欄中夾有不同形態的文字，文字切割的工作就變得複雜些。如圖 8-11 所顯示，同一個文字欄裡含有中、英文兩種文字。除此之外，當兩個相鄰的英文字結合在一起的時候，其大小恰好與一個中文字相同。因此，在沒有進一步的訊息之前，我們的腦子其實並無法判定兩個相鄰的符號是兩個英文字還是一個中文字的兩部分。

　　這個例子說明了，複雜的情況需要更複雜的判斷程序。

月減3-20公斤的特快溶脂減肥，減肥糖活
降低三酸甘油脂，增加有益的DHA（高密
減少有害的LDL（低密度脂蛋白）防止高

圖 8-11　同一文字欄中夾雜了中、英兩種文字

圖 8-12　一個中文字與一個圓圈疊置在一起

　　到了圖 8-12 所顯示的情況，我們的腦子如何能夠知道有兩個不同的樣式（文字與圓圈）疊置在一起呢？似乎它必須起碼要認識其中的一個樣式（如圓圈）才足以把兩個不同的樣式區分開來。

　　現在我要你去想一個非常重要的問題：**既然腦子無法事先知道它所要分析的是什麼樣的對象，它怎麼知道到底該使用什麼程序以及多麼複雜的程序去處理呢？**

　　答案是，它根本不知道！它只能使用在棒球上常使用的戰術：打了就跑。也就是說，我們的腦子會先嘗試使用一些看起來可行的方法去分析它的對象。比如說，先從文件中明顯存在的規律性去尋找文字。如果這樣的方法恰巧得到有意義的結果（讀到有意義的文字了），它就會循著這個方法繼續作下去。要是這樣的方法沒有得到任何期待的結果，那麼腦子會進一步尋找更複雜的線索來決定自己如何走下去，等等。

　　當然，在每一次嘗試與錯誤的過程中，我們的腦子會記下一些明顯的特徵來。因此，當下一次類似的特徵出現時，

它會優先考慮使用在該情況下已證明有效的方法，這是爲什麼我們並不常覺得自己腦子很笨的原因。

‖第五節‖ 辨認文字

　　我們是如何辨認文字的？對這個問題，很多人的回答也許是：「在你沒有提出問題以前，我還曉得答案是什麼。經你這麼一問，我可給搞迷糊了。」的確，人腦是使用什麼方法來認識文字的，這並不是一個很好回答的問題。

　　在提出我自己的想法之前，我先舉另外一個相關的例子。這是有關我們的腦子如何利用雙眼所提供的視覺訊息來分析深度的問題。

　　相信大家都觀看過 3D 電影。當你走進電影院後，戴上一副特製的眼鏡，上面的一個鏡片配上紅色的濾紙，另一個鏡片配上綠色的濾紙。你會發現銀幕上的東西似乎跳脫而出。或者說，它們都有了深度。如果你脫下這副眼鏡，你會發現銀幕上滿佈著只是一對一對相同但又相互錯開的圖形，其中的一個偏紅色，另一個偏綠色。原來，那副特製的眼鏡迫使你的一隻眼睛只能接受每一對圖形中的一個。於是，你的腦子就利用兩個眼睛所看到的同一個圖形的不同顯像之間的**差距**（disparity）來判定物體與你的距離：差距大的距離

近，差距小的距離遠。

然而我們腦子如何能夠知道兩個相鄰但又錯開的圖形是同一個圖形呢？你也許會說：「這還不容易！它們既然就在彼此的附近，腦子只要稍微平移其中的一個，直到它與另一個完全重疊爲止。」

但問題並不這麼簡單。位於不同深度的物體所製造出來的差距不同。如果一個點恰巧位於遠的物體上，腦子只能移動它少許以便找到它的對應點。但如果它位於近的物體上，腦子又必須移動較多一點的距離。可是，腦子怎麼能知道對每一個點做多少移動呢？而且，腦子又怎麼知道爲每一個點尋找它的對應點呢？

你也許會說：「啊！你在故意誤導我。我可沒有說要一點一點地移動。我說的是一個物體一個物體地移動。也就是說，腦子已經知道每一個物體在哪裡，所以它只要對它們做移動。」

但是那些毫無形狀的物件呢？腦子也知道它們的對應嗎？心理學家朱萊士（Bela Julesz）就設計了這樣的一個東西，稱做stereogram。它的構成是這樣的。首先，在一個方塊上灑上一群亂點（random dots，圖 8-13 左）。其次，將這個圖形複製一份。然後，在複製的圖形中將其中一小塊挖開，將之向左平移少許，並將留白的部分再補以亂點（圖 8-13 右）。於是，利用同樣的眼鏡，使得受試者的左眼只看得到原圖，右

圖 8-13　　Stereogram

眼只看得到複製且修改過的圖。結果，受試者仍然能夠看到中間的小塊脫離背景而出（Julesz, 1963）。

　　那麼，你剛剛認為可以避開的問題還是存在於那兒：腦子怎麼知道為每一個點找到它的對應點呢？這個問題，我認為非常貼切地說明了文字辨認的特性。在文字的辨識上，我們的腦子也面臨了尋找對應（correspondence）的問題，只是兩個相對應的圖形並不在一起：一個存在於外在的世界裡，另一個則存在於我們的腦子裡。但不管它們在哪裡，我們的腦子總得用某種辦法將他們做一個比較才行。

　　腦子如何解決**對應的問題**？從 stereogram 這個例子裡，我們得到了一個啟示：不管腦子如何將一個左眼看到的點與一個右眼看的點做比較，重要的是它必須做到群體性的比

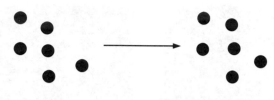

圖 8-14　一組向右移動的亂點

較，也就是說，腦子必須去尋找一群相鄰的點，而且在經過相同距離的平移以後可以碰到另一群關係相當的點。

　　在圖 8-14 中，我在左邊製造了一組亂點，然後將這些點複製了一份並平移到右邊去。即使不知道這個製造過程，你也會同意左邊那一組點與右邊的那一組點有一種極為（事實上是，完全）相同的關係存在，以至於你會感覺到它們是集體從一邊移動到另一邊去的。

　　這種「共同關係」的保存使得我們的腦子也可以掌握運動中的物體。你可以想像，圖 8-14 左邊的那一群點是附著在人衣服上的光點。當人移動時，光點也跟著移動。因此，即使是在黑暗的房間裡，我們也可以看到一個人的身體在移動，儘管我們除了這些光點外什麼也看不見。

　　運動的偵測也許可以更貼切地說明文字辨認的特性。當人移動時，身體上的各部分並不是保持完全不變的關係在移動，但我們的腦子仍然能夠從光點的移動判斷它們來自同一個身體。

我 我

圖 8-15　同一個文字的兩種不同的形狀

　　在辨認文字時，我們有一組預先給定的模版文字（tem-plates）以及一個待辨認的文字，稱做 U，而辨認工作的目標是尋找與 U 最相似的模版文字。但是，模版文字的型狀與未知文字並不盡相同（圖 8-15），因此兩個文字的比對問題也可以視為運動的對應問題。

　　應用這個想法，我的實驗室設計了一套文字辨認的方法。我們的方法基本上是鬆弛法（Rosenfeld et al., 1976）的一種，經我們的設計後特別適用於文字辨認的需求。

　　我們首先將任一文字正規化為 64×64 的大小，然後對文字裡的每一個 4×4 的格子求取裡面黑點的密度，並將密度作四個層次的劃分。因此，每個文字就以 256（16×16）個數字來代表，每個數字僅有 4 個可能的值。在尋求文字比對的過程時，我們讓模版文字裡的每一個格子在未知文字的相應位置附近尋找最恰當的對應。這種格子與格子的對應關係可以視為是一個格子向另一個格子的運動方向。但這些初步的對應關係還需要經過群體性的調整：如果一個格子發現它自己的運動方向與大多數的鄰居不合，那麼它必須遵從鄰居的方

向去尋找一個新的最恰當的對應。運動方向經過調整以後，我們把模版文字裡的格子的密度根據未知文字的對應格子裡的密度予以調整。如此，我們可以反覆地運作幾次，然後計算出調整過的模版文字與未知文字之間的差距。

對一個給定的未知文字 U，我們使用上述的比對過程，並計算出 U 與每一個模版文字之間的距離。然後，我們選擇一個距離最小的模版文字作爲未知文字的對應字。這樣比對的效果如何呢？比任何我們實驗過的比對方法都好！ 我們實驗對象是影印過的文件，經過低解析度（200 dpi）掃瞄方式輸入電腦，而文件上的字體與模版字體不相同。我們的方法在這種情況下能夠獲致 95.7%的辨識率。如果納入前三名作爲候選字，我們辨識率可提昇到99.8%。

第六節　類神經網路

如果你知道人工智慧這個領域的發展，你必然聽過類神經網路（artificial neural network）這個名詞。你也許會問我：「爲什麼你不使用類神經網路來從事文字辨認的工作呢？」

由於類神經網路在近日的流行，我想我必須對它做一個討論。

首先，什麼是類神經網路？在下面的左圖（圖 8-16）是

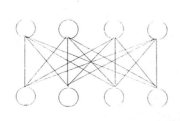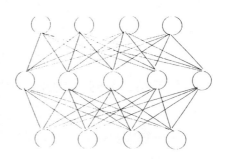

圖 8-16　左：二層次的類神經網路；右：三層次的類神經網路

一個具有兩個層次的類神經網路。網路內的每個細胞各以一個圓圈表示。外在資料從第一層的神經細胞輸入網路裡，再經由第一層與第二層之間的連徑送到第二層細胞去。第二層的神經細胞將第一層細胞送來的數值配權加總起來。例如，如果輸入第一層細胞的數值是 $x_1, x_2, ..., x_n$，那麼第二層的第三個細胞實際上收到的數值是　$I_3 = w_{31}x_1 + w_{32}x_2 + ... + w_{3n}x_n$，其中的 $w_{31}, w_{32}, ..., w_{3n}$ 分別是第一層的第 1 個、第 2 個到第 n 個細胞與第二層的第三細胞連徑的權值。

　　此外，第三個細胞會進一步將輸入值 I_3 轉換成輸出值 $O_3 = f(I_3)$，其中 f 函數的選擇可以隨著不同的應用而改變。

　　位於第二層的神經細胞其總數與待辨認的樣式的總數有關，而位於第一層的細胞總數則與每一個樣式的資料型態有關。進入第一層的資料是什麼呢？在文字辨認的應用裡，你

可以想像那是一組有關一個未知文字的數據，例如我們在上
一節所談到的 256 個數字，每個數字有 4 個可能的值。如果
每一個數字進入一個細胞裡，那麼第一層就有 256 個神經細
胞。位於第二層的每一個細胞則可以當作一個模版文字來看
待。

　　類神經網路的功能和我在上面講到的鬆弛法完全不相同。
嚴格來說，類神經網路的工作並不是在做比對而是在作**分
類**。我們把一個未知文字的數值輸入到第一層神經細胞去，
如果第二層的第三個細胞起了反應（輸出 1 值），而同一層
的其它細胞都沒有反應（輸出 0 值），那麼我們就說：這個
未知的文字被網路歸爲第三類。如果網路的分類不是我們所
期望的，或者第二層出現了兩個以上的細胞對同一組輸入值
起反應，那麼我們就必須用某種計算法則來調整各個連徑上
的權值。

　　事實上，類神經網路的運作分成兩個不同的階段。第一
階段是學習階段。在此階段裡，使用者將學習樣本從網路的
第一層輸入，並運用計算法則不斷地調整連徑上的權值，使
得網路能夠按照使用者的期望來分類樣本。第二階段是應用
階段。在這階段裡，網路連徑上的權值不再調整。使用者將
所欲辨識或分類的對象輸入網路，並從輸出層上讀出分類的
結果來。

　　只有兩個層次的類神經網路學習與辨識的效能都不好，

但三個層次以上的網路的效果就大不相同了（McClelland et al., 1986）。原因是，我們可以在第二層（稱做隱藏層）無限制地增加神經細胞的數量。一般來說，第二層的細胞數量必須要比第三層（輸出層）為多，才能使整個網路的分類效果轉佳。

原則上，只要隱藏層的細胞數目夠多，一個類神經網路總是能做到我們所期望的分類。**但請留心**：這個結論只適用於網路曾經學習的對象，也就是說，那些曾經輸入到網路上並導致連徑的權值因之調整的對象。至於不曾學習的對象，類神經網路對它們的分類能力如何呢？那就得看情況而定了。在文字辨認的應用上，如果網路所學習的對象是一種字體，而待分類的卻是另一種字體，則網路的分類效果會比處理同類的效果差了很多。

為了對付上述的問題，現今人工智慧上所採用的變通方法是選取文字的某些不易受字體變異影響的特徵值作為第一層的輸入。這雖然不失為一種方法，但這樣一來，類神經網路原來具有的優點就消失了。也就是說，我們還得另外去找方法來分析對象的特徵，而不能將這些工作一股腦交由類神經網路去處理（它的隱藏層本來是在做這些事的）。此外，如果能尋找得到好的特徵，我們也可以使用較傳統的方法來從事分類的工作。

總言之，類神經網路雖然在分類上有其獨到之處，但這

並不能用來解決變形（deformation）的問題。**文字辨認的問題其實是對付文字的各種可能的變形。這個問題的深度遠超過分類的問題，而且是圖形辨識上一直未圓滿解決的問題之一。**

第七節　特徵的學習

上一節所討論的類神經網路有一個特色，就是，它的隱藏層神經細胞雖然扮演了特徵抽取的角色，但它們是為了特定分類的目的而存在的。在生物的神經系統裡，為了一個目的而發展出一組神經細胞是相當不經濟的作法。那麼，生物的神經細胞是怎麼做的呢？在下面，我描述**林斯可**（Linsker, 1986a, 1986b）所提出的一個理論模型。這個模型的特色是利用**赫伯（Hebb）學習法則**來調整神經鍵的強度。非常有趣的是，當調整的過程達到成熟的境界時，竟然有一層的神經細胞自動分化為只對特定的方位（orientation）做某種型態的反應，這與在腦皮質第一視覺區所發現的神經細胞有相同的特色。

林斯可的模式是這樣的。假定神經細胞以一層一層的方式將訊息傳遞下去，每一個細胞與低層細胞的連結是以高斯函數分佈，如**圖** 8-17 所顯示者。如果某一層的某一個細胞 S

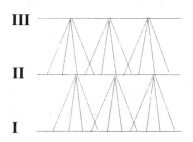

圖 8-17　三層神經細胞

收到的輸入訊息是$I_1, I_2, ..., I_n$，那麼這個細胞的輸出訊息是

$$O = A + B(C_1I_1 + C_2I_2 + ... + C_nI_n)，$$

其中的$C_1, C_2, ..., C_n$是低層細胞與 S 連徑的權值，而 A 與 B 是常數。

　　S 細胞可以根據自己的輸出值 O 以及輸入值$I_1, I_2, ..., I_n$ 之間的關係來調整$C_1, C_2, ..., C_n$的值，調整所根據的赫伯法則如下：

$$\Delta C_i = D + E(O - O_0)(I_i - I_0)，$$

$$C_i(t + 1) = C_i(t) + \Delta C_i，$$

$i = 1, 2, ..., n$，其中 D, E, O_0 與 I_0 都是常數。

　　上兩個式子的意義如下。如果C_i在 t 時間的值為$C_i(t)$，則它在 t+1 的值$C_i(t + 1)$會被調整為$C_i(t) + \Delta C_i$，而調整的方向是：如果$O - O_0$與$I - I_0$同號（正相關），則$C_i(t + 1)$的值比$C_i(t)$大，否則前者的值比後者小。

　　林斯可神經網路的學習方式與前一節的類神經網路的學習方式有兩個迥異之處。第一，前者的權值之調整範圍是局部性的，後者是全體性的。也就是說，在林斯可的網路裡，每一個權值之調整只與該連徑所連結的兩層細胞有關，而與其它的細胞無關。但在類神經的網路裡，權值的調整則是全面性的。

　　兩個網路之間另一個關鍵的差異是：在類神經網路裡，學習是有特定目標的。也就是說，在類神經網路上，權值調整之目的在於迫使網路達到預期分類的目標。這種學習可稱為督導式的學習（supervisory learning）。但是林斯可的網路則沒有特定學習的目標，所以所輸入網路的學習樣本只是最純粹的與最無意義的數值，在學理上稱做高斯雜訊（Gaussian noise）。

　　可是從這樣的樣本能學習到什麼呢？你也許會問。有趣的是，在適當的選取了參數值（A, B, D, E, I_0 與 O_0 的值）以後，林斯可發現他的網路具有某些特色，非常類似於從人的視網膜到腦皮質第一區的各個層級的神經細胞所觀察到的。

　　首先，位於網路的第三層以及更上層的細胞表現出「中間開、四周關」（on-center off-surround）的特性。這意思是說，假定某一個位於第三或更高層的細胞 S，在它下面排成一條直線的低層細胞為 $G_1, G_2, ..., G_n$，而它們與 S 的連徑之權值為 $w_1, w_2, ..., w_n$。那麼，這些權值的分佈有如墨西哥帽的

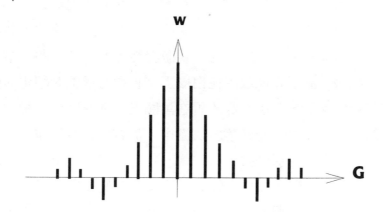

圖 8-18　如墨西哥帽的權值分佈

式樣（圖 8-18）。

　　實際上，與 S 細胞有連結的低一層的細胞散佈在一個圓盤中，因此它們的權值的分佈是如圖 8-19 所顯示的。圖 8-18所顯示的則是任一通過 S 的直線上之權值分佈。

圖 8-19　「中間開、四周關」的連結方式

在圖 8-19 中，中心點爲 S 細胞，在 S 的四周環繞的則是
與 S 有連結的低層細胞。位於中間白、灰（黑）圈的細胞與
S 連徑的權值是正（負）的，或激發性（抑制性）的。這意
味著如果一個小光條放置在白圈上，它會有增強 S 細胞活動
的作用。反之，若小光條放置在黑圈上，則有降低 S 細胞活
動的功能。如果小光條落於灰圈中，仍有增強 S 的作用，但
不如落在白圈中那麼強。

　　你也許會問，要是光條的長度及於三個區域的話，其效
果怎樣呢？參考圖 8-18 所顯示的數值，我們可以推論出，這
樣的光條對 S 細胞的作用仍然是激發性的，只是它的效果可
能反而不如一個完全落於白圈上的小光條爲佳。

　　林斯可的另一個有趣的發現是，在第七層的神經細胞對
於方位有特殊的偏好。這樣的神經細胞的權值分佈是像圖
8-20 所顯示的那樣。圖左顯示的是偏好鉛直方向的細胞。這
是說，S 細胞對於擺在白圈中的鉛直小光條反應最佳。圖右
顯示的則是偏好水平方位的細胞。在林斯可的網路上還可以
找到偏好其他各種方位的細胞。

　　上面所講的，好像是我們在教科書上所看到的，關於從
視網膜到腦皮質第一視覺區的神經層的功能描述。但請留
意，這些描述完全是導衍於神經的連結機制與赫伯學習原
則。基於這兩種簡單的運作法則，林斯可的模式便可以成功
地解釋了早期視覺神經系統的機制。這是一個非常驚人的結

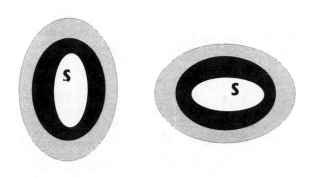

圖 8-20

左：偏好鉛直方位的神經細胞；　右：偏好水平方位的神經細胞

果！對於這個題材有興趣的人可以進一步參考其後的理論發展（Kammen et al., 1988; Yuille et al., 1989）。

　　林斯可的理論和我在前面所說的圖形分析與辨識的理論代表了兩種不同的研究方向。後者的目標是在嘗試回答下面的問題：如果要做到像人腦那樣有效地處理圖形，我們起碼需要從哪些基本的功能出發？這裡所謂「基本的功能」是我們現今認為人腦容易做到的事情，卻不一定對應於腦神經細胞的基本功能。林斯可的理論所要對付的就是後面的這個問題。這樣的理論也許一時不能為人工智慧提供什麼有利的工具，但是它仍然具有相當程度的啟發性，並且極可能有助益於某些高難度問題之解答。

第八節　知覺經驗的統合

　　現在，我再回到本章的主題：圖形分析與識別的問題。我在前面說過，文件處理的特色是，每一層次的工作都需要更高層次功能的協調。比如說，為了找出文件影像中的黑白區分，我們必須同時知道文字的位置與大小。為了正確切割出文字來，我們常常需要能辨認文字的類別，在更艱難的例子裡甚至需要同時辨認出文字來。當文字的安排有歧異時，我們還得依照語意來判斷，究竟應該從左至右還是由上至下閱讀。這樣一環扣一環的需求當然並不僅是文件處理的特性，而是人腦從事所有智慧型的工作的特色。

　　問題是，人腦是依靠許多單位的合作而發生功能的。那麼，這些單位之間到底是如何協調而產生特定的功能呢？我在下面針對這個問題提出兩個模式來。我的目的並不是要你相信其中任何一個模式，而只是要你相信：即使人腦是一個分散的系統，然而各單位之間仍然可以靠著高度的協調與合作來完成高難度的工作。

　　我所提出的兩個模式都假定了腦子裡的工作有**階層**（hierarchy）的區分。比如在文件處理上，低階層的神經細胞處理黑白分色的問題，往上一層的細胞處理文字切割的問題，

等等。由於各層次之間必須存在著某種型式的互動，第一個模式就直接將互動的關係寫入理論的模型內。這個模型很類似 James L. McClelland 與 David E. Rumelhart 在八〇年代提出來的理論模式（McClelland et al., 1981）。當時他們兩人以此模型來解釋英文字母的辨別問題，然而我所提出的模型則無此應用的限制。此外，我的模型裡並沒有他們模型裡出現的一些複雜的假定，這是因為我在這裡嘗試說明的只是原則性的問題，而不牽涉到太多技術的細節。

圖 8-21 所顯示的是第一模式所假定的神經細胞架構。雖然圖中只顯示了三個層次的架構，但此模式並不限制向上擴張的可能性。在圖中，每一個方格子代表一個神經細胞群，同排的方格則代表位於同層次的神經細胞群。

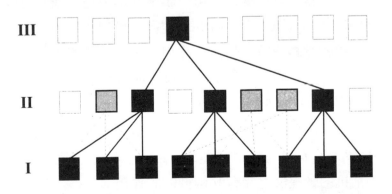

圖 8-21　階層式的神經細胞架構（所有的連線皆為雙向）

　　位於任一方格與低一層次方格之間的連線（實現或虛線）代表一個細胞群的活化（activation）條件。比如說，在第二層次左數起第二個方格與第一層次上的三個方格相連，顯示前者的活化有賴於後三者的激發。如果把每一個方格當作某種特徵的偵測器，那麼我們也可以說：前者偵測到某種特徵的條件是後三者偵測到某些特徵。這樣的條件可以是決定式（deterministic）的，也可以是機率式的（stochastic）。

　　若一個細胞群的活化完全由低層次的細胞群來決定，這樣系統的效能必然不會太好，原因是有許多虛警（false alarm）發生的可能。在圖 8-21 中所有灰色的方格子都代表一個虛警。灰格子的特點是，它們只與低層的格子有連線，卻不與任何高層次的格子相連。

　　問題是，有沒有什麼方法可以讓虛警消失呢？我們可以利用兩個額外的資訊：上一層的神經群的激發作用，以及同一層相抗拮的神經群彼此的抑制作用。因此，我們可以進一步做下面的假定。第一，如果某一層次的神經群 A 的活化是由低一層次的神經群$B_1, B_2, ..., B_n$所激發的，那麼後者也會獲得 A 的激發。換言之，除了$B_1, B_2, ..., B_n$到 A 有連徑的存在，A 到$B_1, B_2, ..., B_n$也有回饋連徑的存在。第二，在同一層次上，相拮抗的神經群之間有互相抑制的作用。

　　有了上兩個額外的假定，圖 8-21 裡所有的黑格子不但得到由下而上的激發，而且獲得了由上而下的支援，然而所有

的灰格子仍然只得到由下而上的激發。因此，在同層次方格子的相互抑制下，灰格子所得到的支援無法抵抗來自同層的抑制作用而停止了活動，但黑格子因為得到上層的支援而仍然可以保持其旺盛的活動。

　　因此，第一個模式成功地利用了高層次的資訊（或稱**脈絡的**資訊）來解決低層次所可能造成的錯誤或岐義。但，這個模式可能不切實際的地方在於：它假定上層的細胞群與低層相關的細胞群之間存在著直接的相互激發的關係。雖然人腦裡充滿了神經迴路的存在，但我們有理由懷疑它們是不是存在於每一對發生關係的上、下層細胞群之間。事實上，很多上層細胞是在接觸到大量的經驗以後才發生功能的。在沒有獲得這些經驗之前，它們怎麼知道該與哪些下層神經群建立起回饋的線路呢？因此，雖然這個模式能表現出好的結果，卻不一定容易在自然世界裡演化而成。

　　我在下面提出的第二個模式則可以針對這個問題有所回答。這個模式是 Eric Harth 在近年所提出的（Harth, 1995）。在他的模式中（圖 8-22），上層的神經群沒有連結到低層的回饋線路，同一層次的神經群也沒有互相抑制的作用。

　　取代兩者的是一個位於最上層的神經細胞（或區域），在圖中標示為 G。G 細胞負責比較位於比它低一層的神經群的預期結果與實得結果之差距。假定第 i 個神經細胞群的預期結果是 E_i，而其實得結果是 R_i，那麼 G 便將所下面的數值

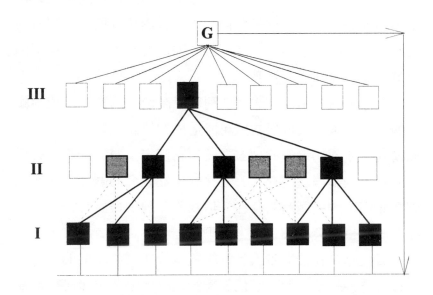

圖 8-22　由最高層回饋到最低層的神經組織架構

（所有的連線皆爲由下至上的單一方向，除非有特別標示者）

送到第一層（最下層）的細胞群去：

$$F = min[(W_1 - R_1)^2, (E_2 - R_2)^2, ..., (E_n - R_n)^2]。$$

　　位於第一層的神經細胞群則根據上面的 F 值來調整它本身從外界輸入的數值，而調整的方式如下。如果在第 N-1 及 N-2 階段，此細胞群從外界輸入的數值是 x_{N-1} 與 x_{N-2}，而 G 輸送到第一層的數值是 F_{N-1} 與 F_{N-2}，那麼這細胞群在第 N 階段應該從外界輸入的數值是

$$x_N = x_{N-1} - k \cdot (x_{N-1} - x_{N-2})(F_{N-1} - F_{N-2}),$$

其中 k 是一個常數。換言之，如果此細胞在前兩階段調高輸入數值的結果有益於 F 數值的降低，則此細胞繼續將現階段的輸入值調高，否則將其調低。

根據上面式子而調整的輸入值會加強圖 8-22 中黑色格子的活動，因為它們的活動的增強有益於 F 數值的降低。但是這樣的調整並無法抑制灰色格子的活動，因為它們的活動雖然無助於 F 數值的降低，但也無害於後者。這是此模式有缺陷的地方。

‖第九節‖ 意識經驗的問題

上面一節裡所談到的兩個模式在原則上都說明了，我們的腦子如何可以利用階層式的架構來製造脈絡的效應。如果這種階層式的架構不僅應用在特徵的分析與物件的辨認，並且延展至策略的思索（哪裡錯了？問題在哪裡？）以及進一步的行動（轉動眼睛或運用手指來搜尋新線索），它們就包括了人類從事知覺活動時所涉及的大部分的腦部工作。

我們有理由相信，這種結合了階層與回饋的神經活動對應於我們的腦子發生意識經驗時的活動。理由是：第一，由於這樣的活動是全面性的、延展性的以及排它性的，當它們

在我們的腦子裡駐足時，它們不再能容許與之衝突的活動並存。這對應於意識活動的**有限容量**（limited capacity）的特色。第二，由於上下階層相互支援的效應，這樣的活動的穩定性高，使得它們的活動容易被寫進腦子的**短期記憶**裡。再者，由於脈絡性的效應使得這些記憶又容易被喚回。我在別的地方論證（Chang, 1995），人所意識到的經驗是可追溯的當下的神經活動。因此這種短期記憶對應於人的意識經驗。

　　現在，我準備回答在一開始的時候曾經問過的一個問題。我先將這個問題重述一遍。我在上面所討論的問題都是我們的腦子如何去處理與分析資料以達到辨認圖形的目的。但是，我似乎還留下了一個重要的問題沒有回答：誰來看這些東西？或者，誰是這些經驗的感受者？

　　我在上面也提過，當我們在觀看一個東西的時候，我們感覺到自己擁有一個完整的經驗，而不是一堆凌亂的資料或結果。然而，在第三節的結尾時，我提到了一個概念：我們的腦子採取的是「打了就跑」的戰術。這意味著，我們的腦子總是會使用一些看起來有利於當下境遇的策略（如果文件上存在著某種它所熟悉的規律性，它就會試著用它所熟悉的方式去尋找文字），然後等待進一步的結果去驗證這個工作假定是否正確。換言之，它可以用許多相關的程序來幫忙驗證與修正自己的進程。在這種工作方式下，腦子的工作隊伍雖然是由許多不同的單位來組成的，但這些單位之間必須保

持高度的協調與相互支援的特性。

換言之，即使是一個看來很簡單的工作都會在腦子裡激起非常多的工作單位來，有的在積極地相互合作完成階段性的使命，有的則在待命準備隨時支援下一階段的工作。在任何一個時間，這種合作的工作方式把腦子裡的單位劃分成兩種類型：正在參與或有潛在參與能力的單位，與毫不相干的單位。

為什麼我們會感覺到自己的知覺經驗或意識經驗是完整的？因為那些正在參與工作的單位能夠隨時把我們帶到所欲接觸的資訊，這些資訊也許是儲存在腦子的記憶裡，也許必須靠進一步的動作來取得（如：「等一下，我再看一眼。」）這種相互支援、觸類旁通的工作方式使得我們感到自己擁有一個完整的經驗，而不是一堆凌亂的資料。那麼是誰在接收這些經驗呢？事實上，**整個腦子便是它自己所處理的經驗的接收者**。

參考文獻

Biederman, L., Glass, A. L., and Stacy, E. W. (1973). Searching for objects in real world scenes. *Journal of Experimental Psychology, 97*, 22-27.

Chang, F. (1995). A theory of consciousness. *An International Workshop on Mind and Language,* Taipei, Taiwan.

Farah, M. J. (1995). The neural bases of mental imagery. In M. S. Gazzaniga(Ed.), *The Cognitive neurosciences,* (pp. 963-975). Cambridge, MA: MIT Press.

Julesz, B. (1963). Binocular depth perception of computer generated patterns. *Bell Systems Technical Journal, 39,* 1125-1162.

Harth, E., (1995). The Sketchpad Model. *Consciousness and Cognition, 4,* 346-368.

Kammen, D. M. and Yuille, A. L., (1988). Spontaneous symmetry-breaking energy functions and the emergence of orientation selective cortical cells. *Biological Cybernetics, 59,* 23-31.

Land, E. H. (1977). The retinex theory of color vision. *Scientific American, 257 (6),* 108-128.

Linsker, R. (1986a). From basic network principles to neural architecture: Emergence of spatial-opponent cells. *Proceedings of National Academy of Science, USA, 83,* 7508-7512.

Linsker, R. (1986b). From basic network principles to neural archi-tecture: Emergence of orientation-selective cells. *Proceedings of National Academy of Science, USA, 83,* 8390-8394.

McClelland, J. and Rumelhart, D. (Eds.) (1986). *Parallel distributed processing: Explorations in the microstructures of cognition.* Combridge, MA: MIT Press.

McClelland, J. and Rumelhart, D. (1981). An interactive activation model of context effects in letter perception: Part 1. An account of basic findings. *Psychological Review, 88 (5),* 375-407.

Minsky, M. (1985). *The society of mind* (Simon and Shuster, paper-back).

Otsu, N., (1979). A threshold selection method from gray-level histo-grams. *IEEE Transactions on System, Man and Cybernetics, SMC-9, no. 1,* 62-66.

Rosenfeld, A., Hummel, R. A. and Zucker, S. W (1976). Scene label-ing by relaxation operations. *IEEE Transactions on System, Man and Cybernetics, SMC-6,* 420-433.

Sacks, O. (1995). *An anthropologist on Mars* (Commonwealth). 中譯本：火星上的人類學家（天下文化，1996）。

Yuille, A. L., Kammen, D. M. and Cohen, D. S. (1989). Quadrature and the development of orientation selective cortical cells by Hebb rules. *Biological Cybernetics, 61,* 183-194.

神經網路與哲學

❧洪裕宏❧

第一節　前言

　　靈魂（mind/soul）或靈魂世界一直是人類不分種族與文化所共同感興趣的話題。宗教信仰的普及，證明了人們對這一類話題或問題的關切程度。即使是受過高等教育的科學家也難以抗拒人的心靈不會因為身體之死亡而消失的說法，雖然這樣的說法並無科學上的根據。

　　如果人類可以長生不死，我們是否仍然會對靈異話題充滿興趣呢？答案非常可能是否定的。我們之所以關切靈異現象，主要是因為對死亡的害怕與對死後世界的無知而起。一旦我們可以長生不死，就無所謂死後的世界了。我們似乎就喪失了設想死後靈異世界的迫切性。

　　在科學上而言，一個假說的價值乃在於它的經驗蘊涵（implications）。換句話說，一個好的（不一定真確的）假說一定能預測或解釋經驗事實。我們來看看非物質的心靈或靈魂之存在的假設能否提供預測力或解釋力。

　　假設心靈（或靈魂）與身體（主要是腦，以下簡稱身／腦）是兩個獨立的實體。靈魂可以獨立於身/腦而存在。因此我們在出生以前，我們的心靈早就存在了。根據時下流行「前世今生」的說法，你的心靈在一千年前可能「住」在一

個阿拉伯王子的身／腦裡，五百年前可能「住」在日本的一個乞丐的身／腦裡。透過適當的方法，你可以「回憶」起你的前世。

　　問題是為什麼你的靈魂不選擇牛、狗、烏龜或蝴蝶？也許靈魂也有物種的區別，不同的生物種屬有不同種類的靈魂。但是為什麼你的靈魂不能「住」到一隻烏龜的身／腦內呢？或者為什麼一隻蜥蜴的靈魂不能「住」到你的身／腦內呢？如果靈魂與身／腦是相互獨立的兩個實體，照道理來說，你擁有人類身體卻有蜥蜴的靈魂是有可能發生的事。佛教的「生命輪迴說」似乎允許這種可能性。但是如果人類的靈魂可以「住」到其他的動物身／腦內，而且反之亦然，那麼萬物的靈魂之間就沒有什麼差異了。你可以是人，下輩子變成狗，上輩子是毛毛蟲……等等。在時間的河流中，你恆是你，變的是你的身／腦。這樣說來，靈魂只有一種，身／腦卻有多種可能性。你的靈魂與蟑螂的靈魂是同類的，雖然你們在身／腦上有極大的差異。我想這樣的結果不僅不符合經驗事實，也難以被接受。

　　假定靈魂也有種屬之差異。換言之，人類的靈魂只能「住」在人的身／腦內，其他的動物也只能各自「住」在他們特定的身／腦內。這種說法可以避免上述萬靈同類論的困難。然而我們接著要問為什麼人的靈魂只能「住」在人的身／腦內？

一個簡單的回答就是因為只有人的身／腦適合人的靈魂「居住」。然而你一定會問為什麼？一個合理的回答是因為只有人的身／腦具備有適當的結構與功能以「安置」人的靈魂。不過當我們以這種方式來回答這個問題時，我們已經預設了靈魂與身／腦之間有某種特定的關係，而且這種關係不能是非因果性的純粹意外，因為非因果性的純粹意外無法解釋靈魂種屬的差異性。因此，靈魂與身／腦雖然相互獨立，卻必須有因果關連。

自從笛卡爾提出心身二元論（mind-body dualism）以來，心靈與身／腦之間的因果關係一直未獲令人滿意的解釋。最主要的困難是：不佔有任何空間位置也不是某種形式的能量的非物質心靈，如何能夠因果地影響能量的轉換呢？所有因果互動都牽涉到能量的轉換。所有的能量都是物理的。心靈若不是物理的，它就無法與身／腦產生因果互動。依此論證下去，一個非物理的心靈實體的假設是無法成立的。

姑且不論非物理的心靈實體是否可能存在，我們仍將面臨下面的問題。若靈魂與身／腦的結構與功能有關，它如何能獨立於身／腦而存在？它如果能獨立於身／腦而存在，則我們很難想像為什麼它需要特定的身／腦結構與功能？如果它不能獨立於身／腦而存在，當身／腦死亡時，它如何能繼續存在？也許當身／腦死亡時，它瞬間就轉移到另一個身／腦（例如：初生嬰兒）上。然而，這瞬間轉移在物理上如何

可能？

　　也許這些問題在邏輯上可能有解。但是如果能夠以較簡單的方法來解釋心靈現象，我們何必庸人自擾去思考這些很不可思議，而且在科學上沒有任何證據的問題呢？

　　目前學術界的主流假說認爲心靈現象是身／腦系統所產生的。心靈並非獨立於身／腦的實體，而是身／腦系統的特殊結構及其功能所呈現出來的高層次心靈現象。身／腦死亡時，心靈現象也隨之消失。心靈或靈魂不能獨立於身／腦而存在，沒有前世也沒有來生，沒有非物理的靈魂或鬼魂。所有的心理現象都是身／腦運作的產物。因此要了解人的心是什麼，不能不了解身／腦的結構、組織、功能與運作方式。

本文目的

　　認知科學是一門專門研究心理現象的科學，它與傳統的心理學不同在於問題領域與方法的多元性，這使認知科學成爲跨越心理學、語言學、人工智能學、神經科學與哲學的科際整合性研究。有些應用數學、電機工程與人類學的研究也與認知科學有關連。這是一門仍在形成過程中的新研究領域。認知科學假設心理現象乃由腦神經系統的運作而產生，解釋心理現象的最好方法便是研究腦系統的組織與結構及其功能。系統的研究使認知科學有別於傳統的神經科學。

　　一般認為，認知科學開始於 1956 年的 Dartmouth Summer
Research Project in Artificial Intelligence。受到計算科學影響的
人工智能研究可謂開啟了現代認知科學的大門。從五〇年代
開始，以電腦計算原理為類比的傳統人工智能學派（或稱古
典學派）便主宰了認知科學的發展。同時雖然有一些學者試
圖發展神經網路的研究，卻要等到八〇年代才獲重視。從
八〇年代以後，古典學派與神經網路學派或稱聯結論（con-
nectionism）成為兩個競爭激烈的主流典範。雖然古典學派學
者仍然堅持其研究進路為最佳的進路，九〇年代以後聯結論
受到廣泛的重視。期間也有一些人試圖結合兩派的優點而建
立混種（hybrid）釋模，其優劣尚難診斷。本文將介紹神經網
路的基本原理及其在哲學上的意義。

第二節　認知建構（Cognitive architecture）

　　認知建構指先天內建的資訊處理能力與機制。後天習得
的能力的範圍受限於此先天內建的認知建構。換句話說，認
知建構決定了一個系統的資訊處理能力，及其後天習得能力
的潛能。因此，認知建構不僅告訴我們一個系統現在能做什
麼，而且告訴我們它可能執行的資訊處理工作的範圍。認知
科學的一個根本性的問題便在於了解腦的基本認知建構是什

麼？腦的認知建構如何展現心智現象？

　　腦既然是一個資訊處理系統，我們很自然地要問資訊是以怎樣的方式或格式（format）存在腦中？資訊處理的方式是什麼？通常我們稱腦中的資訊為心理狀態（mental states）或是心理表徵（representations），資訊處理的過程為心理歷程（processes）。這兩個問題是關於認知建構的二個最根本的問題。

　　為什麼對這兩個問題的回答會影響到一個系統的資訊處理的潛能呢？讓我們以英國哲學家休謨（Hume）的說法為例。休謨認為我們的心理表徵與其所要表徵的外在事物之間的關係是相似性（similarity）的關係。與外在事物越相似的表徵就越生動（vivid）。例如我們關於麻雀的心理表徵與麻雀相似。心理表徵與其對應的外在事物為什麼會有相似性的關係呢？比較合理的解釋是心理表徵的格式是圖像式的（pictorial）。關於麻雀的心理表徵就如同心中一幅麻雀的圖像。如果心理表徵有如圖像，那麼心理歷程如何處理這些表徵呢？休謨的說法是以結合（association）的方式來處理。如果表徵如圖像，那麼它們就不能被任意拆解。拆解之後的圖像必須仍是圖像。圖像與圖像之間的組合也似乎只有結合一途。這種理論的資訊處理能力就很有限。例如如何表徵兩隻麻雀的母子關係呢？如何表徵一個壞學生呢？如何表徵張三相信李四的狗是近親繁殖的劣等犬呢？

　　顯然休謨的理論是錯誤的。現代認知科學兩大學派—古典學派與聯結論的主要爭議均導源於對此兩個問題的回答的不同。下面一節將介紹古典學派的認知建構假說，其餘大部分的篇幅將用來介紹神經網路的基本原理及聯結論的認知建構假說。希望透過這樣的討論能讓你掌握目前這兩個**研究典範**（research paradigms）的爭議處在那裡，也希望藉此討論提供你思考心與腦問題的概念工具與宏觀的角度。

第三節　古典學派的認知建構假說

一、前言

　　自本世紀中葉以來，電腦科學發展對心理學與心靈哲學均產生巨大的影響，其中尤以**人工智慧學**（artificial intelligence）產生的衝擊最大。這個衝擊後來促生了一個新的科際領域—**認知科學**（cognitive science）。認知科學乃是一門整合了心理學、哲學、人工智慧學、語言學和神經科學的新興科學，其主要的研究主題是**認知行為**（cognitive behavior）。

　　電腦科學對認知科學的主要貢獻之一是賦予**心智主義**（mentalism）新的理論基礎。心智主義的基本主張是肯定**心**

理語詞（mental terms）在**心理釋模**（psychological modeling）或**心理理論建構**（psychological theorizing）中的合法性（legitimacy）。行爲主義（behaviorism）反對在心理釋模中使用心理語詞，其主要的理由在於心理語詞的使用會導致理論上的循環解釋（circular explanation）或無限後退（infinite regress）。心理語詞的用途是用來描述心理現象。如果我們容許在心理理論中使用心理語詞，那麼我們所建立的理論只不過是用一些心理現象來解釋另外一些心理現象而已。這種循環解釋當然不是好的科學解釋。爲了避免解釋的循環性，我們必須使用非心理語詞來建構理論。行爲主義者認爲除非我們不使用心理語詞，否則心理釋模無可避免地要陷入循環解釋或無限後退的困境。包含心理語詞的科學**釋模**（models）需要另一個科學釋模來解釋前一個釋模中的心理語詞。但心智主義主張心理語詞的合法性與必要性。所以心理釋模勢必陷入無限後退的困境。

　　心理釋模的循環性和無限後退導致心智主義的被揚棄。人工智慧學解消了心智主義的困境。人工智慧學以電腦程式來**模釋**（modeling）心理現象。而電腦程式中使用的高階程式語言（high-level programming language）就好比是包含心理語詞的心理語言。因此人工智慧學提供了一個存在證明：即存在一個有效的程式（effective procedure）來使用心理語詞去模釋心理現象，而且不會導致循環解釋或無限後退。高階程

式語言最終可化約成機器語碼（machine codes），並且直接在機器上運作。因此循環性被解消了。同時，機器語言可直接被機器「接受」和執行，所以無限後退性也被解消了。

　　心理語詞的合法性因此重新被認定。五〇年代中期以後，學者們逐漸地不滿意行為主義的成果。心智主義的再被肯定是提供一個有別於行為主義的研究方向，這個反對行為主義的學術運動被稱為認知主義（cognitivism）或新認知主義（neo-cognitivism）。認知主義的兩個主要主張是①心智主義是對的；②心理歷程是計算歷程（computational processes）。在認知主義的旗幟下，以數據電腦（digital computer）為基礎的人工智慧學成為近四十年來的顯學。Jerry Fodor 和 Z. W. Pylyshyn 稱之為關於人類認知（cognition）的古典進路（classical approach）。這派理論也被稱為古典論（classicism）。其主要代表人物為 A. Newell, H. Simon, J. Fodor 和 Z. W. Pylyshyn。古典論又被稱為符號典範（the symbolic paradigm）。細節容下文再交代。

　　在本世紀四〇年代左右，許多學者從另外一個進路來研究認知現象。這派被稱為神經網路釋模（neural network models）。這派進路一方面因為當時成就有限，另外一方面 Minsky 和 Papert 於 1969 年證明此派的理論限制，因此六〇年代以後，研究者日減。古典論獨霸學術市場凡三十年之久，一直到八〇年代初期，理論上的實質突破才又恢復了神經網路進

路的繁榮。這派新的神經網路學派通常被稱之為聯結論（connectionism）或平行分散處理釋模（parallel distributed processing models）。平行分散處理釋模又簡稱 PDP 釋模。八○年代之間，古典論與聯結論互相較勁，爆發了在認知科學圈內最激烈的學術論戰。

二、古典論的認知主義建構

　　前節提到認知主義的兩個基本主張是承認心理語詞在理論建構中的合法性和視心理歷程為計算歷程。承認心理語詞的合法性等於承認這些語詞是有所指的語詞（referential terms）。那麼心理語詞指稱什麼東西呢？概括而言，心理語詞指稱心理表徵。因此，認知主義乃是關於心理表徵與心理歷程的一種主張。就抽象而言，古典論和聯結論都是認知主義的一種，這兩派理論都同意心理表徵的存在及其重要性；也同意心理歷程是計算歷程。兩派不同的地方是對心理表徵和心理歷程的性質和結構有完全不同的看法。

　　首先討論古典論對心理表徵的看法。關於心理表徵，古典論的中心觀念是符號系統（symbol system）。符號系統這個觀念（notion）在古典論與聯結論的典範衝突（paradigm clash）中扮演十分重要的角色。聯結論亦使用符號（symbol）這個觀念，但卻完全排除符號系統在心理釋模中的用處。相反

地，古典論的理論基礎卻完全建立在符號系統此一觀念上。Newell和Simon所提出物理符號系統假說（physical symbol system hypothesis）充分說明了符號系統的重要性。這個假說主張：物理符號系統是一個物理系統具備一般智慧行爲能力的充分與必要條件。簡言之，一個物理系統如果具備了符號系統的性質，就一定是一個智慧系統。而且一個智慧系統必定是一個物理符號系統。

　　Newell和Simon的物理符號系統假說和Fodor的思想語言假說（language of thought hypothesis）很相近。其基本觀念還是離不開符號系統此一觀念。思想語言假說主張心理表徵系統是物理的、擬似語言（quasilinguisitic）的表徵系統。

　　聯結論接受符號的觀念，卻駁斥符號系統的實在性與其在心理釋模中的用處。古典論卻完全依賴符號系統的假說來建立其理論。符號系統到底是什麼呢？基本上符號系統此一觀念乃源自於邏輯理論。一個邏輯系統通常包括語法（syntax）和語意（semantics）兩部分。符號系統很像邏輯系統的語法部分。一個符號系統包含①一組本質上是物理樣型（physical patterns）的符號；②一組由符號個記（symbol tokens）構成的符號構式（structure）或語式（expressions）；③一組用以操作和轉換符號語式的程序（processes）。除此之外，這個符號系統必須能夠被賦予系統性的語意解釋（systematic semantic intrepretation）。

　　上面關於符號系統的描述是 Newell 和 Simon 的定義。這個定義類似 Fodor 和 Pylyshyn（1988）所提出的組合式語法和語意（combinatorial syntax and semantics）。Fodor 和 Pylyshyn 主張一個符號系統必須具備組合式語法和語意。組合式語法的定義接近 Newell 和 Simon 的物理符號系統的定義。根據 Fodor 和 Pylyshyn 的說法，組合式語法有如下的性質：①區分了原子符號型（atomic symbol types）和分子符號型（molecular symbol types）；②分子符號型乃遞歸方式（recursive）由原子符號型建構起來。此外有一組用以操作和轉換符號型的規則。組合式語意簡言之指一符號型的內容是組合素（constituents）的語意內容和語法結構的函應（functions）。例如「馬是哺乳動物」，這一分子符號型的語意內容乃決定於「馬」、「哺乳動物」、「是」等組成素的語意內容和整個句子的語法結構。

　　古典論認為心理表徵系統是物理的符號系統。因為是物理的，所以排除了唯心論（idealism）和心物二元論（dualism）。聯結論者也主張心理表徵系統是物理的。所以符號系統假說是古典論的界定假說（defining hypothesis）之一。用簡單的話來說，古典論主張心理表徵是擬似語言的表徵（quasilinguistic representations），具有自然語言的一般性質，例如語法和語意。這說明了為什麼 Fodor 提出思想語言假說，認為在人腦中存在一種物理的，具有語法結構的思想語言。

　　對古典論者而言，思想語言或心理表徵不是抽象的東西。他們認為古典釋模中的符號構式（symbol structure）乃實際對應到存在腦中的物理結構（physical structure）。而且符號系統的組合結構（combinatorial structure）亦實際對應到腦的物理性質之間的結構性關係（structural relations）。簡言之，符號系統實際存在於腦中，腦的物理性質及其結構性關係實現（realize）了符號系統。這個假說對古典論而言極為重要，因為如果符號系統不存在於腦中實際的物理系統，古典論者便無法解釋為什麼符號結構足以提供有關心理現象的因果解釋（causal explanation）。同時，符號系統乃是實際存在於腦中有語法結構的表徵系統的說法，也有助於避免心智主義的困境。

　　Fodor 和 Pylyshyn（1988）提供支持物理符號系統假說最嚴謹且最精要的論證。其他學者所提出的論證多不脫出Fodor 和 Pylyshyn（1988）所提出的論證。因此本節乃將焦點集中在他們兩人的觀點。事實上在認知科學界，Fodor和Pylyshyn的論證亦被視為古典論的經典論證。近十年來，古典論和聯結論的典範衝突，亦多半環繞著 Fodor 和 Pylyshyn 的古典論主張及其對聯結論的攻擊而進行爭論。

　　Fodor和Pylyshyn的論證依四線進行：即生產性論證（the productive argument），系統性論證（the systematicity argument），組構性論證（the compositionality argument）和推理的

一致性論證（the inferential coherence argument）。因篇幅關係，以及組構性論證的首要性質，本節僅討論組構性論證。事實上根據 Fodor 和 Pylyshyn 的說法，生產性、系統性、和推論的一致性均預設組構性。Fodor 和 Pylyshyn 認爲思想（thought）具有生產性、系統性、組構性和推理的一致性四種現象。任何適當的（adequate）心理釋模均應能充分解釋這四種現象。他們認爲只有具備符號系統性質的物理系統才能充分地解釋這四種現象。換言之，組合語法和語意是解釋這四種認知現象的必要條件。

思想的生產性指認知系統的表徵能力（representational capacities）應該是無限制的（unbounded），即任何認知系統的陳述命題能力應無上限。理論上可陳述的命題應該是無限多。思想的系統性指如果一認知系統能了解或產生某一命題，則該認知系統亦能了解或產生其他與該命題語意相關的命題。例如如果一個認知系統可以了解或產生「瑪莉愛約翰」，那麼它亦可以了解或產生「約翰愛瑪莉」。思想的組構性是指組構素（constituents）的語意貢獻（semantic contributions）不因爲脈絡變遷而不同。例如「愛」這個組構素在「瑪莉愛這個男孩」和「這個男孩愛瑪莉」兩個命題中的語意貢獻應該一樣。推論的一致性則指類似下例的現象：若一認知系統可由（P&Q）導出 P，則它亦可由（Q&R）導出 P。

思想的組構性是一個不可否認的現象。Fodor 和 Pylyshyn

認為語言具有組構性的性質。相同的字詞（words）出現在不同的句子時，其語意貢獻應該一樣，不因語句不同而有所不同。換言之，字詞的語意貢獻是獨立於脈絡的。因此組構性原理（the principle of compositionality）乃是關於字詞及其所構成的語式（expressions）之間關係的原理。在這意義下，組構性蘊涵（imply）這些語式之間具有組構素。如果這些語式不具有組構素，因而是不能被分析的原子式（atomic expressions），則就談不上所謂的組構素的語意貢獻獨立於其出現的脈絡。因此，語言組構性預設了組合性的語法和語意。

因為思想要用語言來表達，所以由語言的組構性，我們可以推斷思想的組構性。Fodor和Pylyshyn注意到動物沒有語言能力，但是他們認為所有的認知系統包括動物均具備思想語言。因此思想語言的組構性並不限於有語言能力的人類。因為組構性預設了組構素的存在，因此思想的組構性亦預設了組合性的語法和語意。所以心理表徵必須有內在結構（internal structure）。這內在的結構當然必須是組構結構（constitutent strcuture）或組合性語法和語意。

摘要言之，古典論者認為為了充分解釋重要的心理現象，例如思想的組構性，我們必須假設心理表徵與語言有一樣的組合性的語法和語意。在不同的脈絡下，組合性語法又被稱為組構性結構（compositional structure）、組構結構（constituent structure）或語法結構（syntactic structure）。

　　以上簡要討論古典論關於心理表徵的主張，下面要討論古典論對心理歷程的看法。古典論和聯結論均視心理歷程是計算歷程，但兩派對計算歷程的性質卻有很大的歧見。古典論者主張心理歷程乃依心理表徵的組合性語法而操作。心理歷程的素材（objects）是符號和符號結構（symbol structure）。簡單來說，心理歷程是一種符號（心理表徵）的轉型（transformation）過程。這種轉型過程的原理乃決定於符號的結構其相互之間的語法關係。上述假說的核心觀念是心理歷程對語法結構的敏感性（the structural sensitivity）。結構的敏感性是指心理表徵的組構性語法結構決定了心理歷程的運作。心理歷程之原理不外是心理表徵依照其語法結構而進行的轉型過程。

　　總而言之，古典論的認知建構包括兩大假設：①心理表徵是符號性的（symbolic），而且具有組合性語法結構；②心理歷程是計算歷程且此歷程之運作乃決定於心理表徵的符號結構（symbolic structure）或組合性語法結構。這個假設構成古典論的最基要（minimal）充分且必要條件。

第四節 ｜ 神經網路

一、簡史

　　1936 年，涂林（Alan Turing）首先以腦的運作原理做爲計算的典範，雖然他被公認爲當代數據電腦理論的創始者之一。涂林後來並沒有繼續發展以腦做爲計算典範的想法。1943年，McCulloch 和 Pitts 兩個人發明了所謂的 McCulloch-Pitts 網路。這是一個二值的邏輯網路，而且沒有學習能力。具學習能力的網路的肇端是 Donald Hebb 的名著 The Organization of Behavior。Hebb 的學習法則後來影響深遠，神經科學的研究亦提供相當多的證據證實腦神經系統至少部分運用類似Hebb的學習法則的方式學習。

　　學者公認人工智能與神經網路研究始於1956年的Dartmouth Summer Project。以數據電腦原理爲基礎的人工智能（AI）研究以程式模擬人類認知爲主要的研究方法，而神經網路研究則以模仿人腦的運作來解釋人類的認知現象。Frank Rosenblatt 於 1957～1959 年間致力於二層網路的研究，他稱之爲知覺器（perceptrons）。同時期還有 Widrow 與 Hoff 兩人的 Adaline 與

Madaline 網路，Grossberg（1967）的 Avalanche 等，爲神經網路研究奠定初期的基礎。

從五〇年代到六〇年代之間，Hebb 的學習法則與 delta（△）學習法則爲兩個主要的學習法則，前者屬於沒有被指導的學習（unsupervised learning），後者屬於被指導（supervised）的學習。這些名詞的意義下面會說明。1969 年 Minsky 與 Papert 出版了一本影響深遠的書：知覺器（perceptrons）。這本書討論二層網路的理論問題。其中影響到神經網路研究的發展的觀點有二：①二層網路雖然能學習很多功能，但是卻不能學習一些很重要的認知功能；②要解決這個問題必須使用三層路網路。但是 Minsky 與 Papert 臆測三層網路不存在學習法則。這兩個問題使研究者離開神經網路的研究，轉而投入當時頗有進展的人工智能研究。

自六〇年代後期停滯不進的神經網路研究到了八〇年代以後得到改善，因爲很多學者分別發現三層網路的學習算程，Rumelhart 及其 PDP 研究群（1986）的錯誤後傳學習網路所使用的學習法則是其中最有名的。Hopfield（1982）的 Hopfield 網路，與 Hinton 和 Sejnoski（1986）的 Boltzmann 機器的影響也相當大。在學習法則上得到突破以後，神經網路的研究才進入全盛期。過去十年來研究人數與研究成果在數量與品質上的成長驚人。它已成爲科學史家將來一定要研究的歷史現象。台灣在這方面研究目前以在工程上的應用爲主，理

論發展較爲薄弱。以神經網路原理來模釋（model）人類認知
的研究也才起步。

二、基本運算單元及其運算原理

　　腦神經細胞由細胞體（soma）、軸突（axon）、樹突（de-
ndrites）與突觸（synapses）所組成。圖 9-1 是一個典型的神
經細胞結構圖。

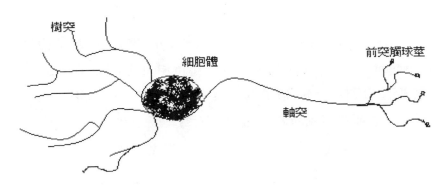

圖 9-1　典型神經細胞示意圖

　　神經網路的運算單元是仿效腦神經細胞的結構而設計的，
基本結構如圖 9-2。

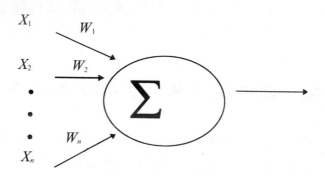

圖 9-2　神經網路運算單元結構

X_n 代表第 n 個輸入值，W_n 代表第 n 個輸入的聯結權量（weight）。所有的輸入值可以用一個 n 項向量 $(X_1, X_2, ...X_n)$ 來表示，所有的聯結權量也可以用向量 $(W_1, W_2, ...W_n)$ 來表示。一個運算單元所收到的總輸入為

$$X_1 \cdot W_1 + X_2 \cdot W_2 + ... + X_n \cdot W_n = \sum_{n=1}^{n} X_n \cdot W_n$$

事實上　$\sum_{n=1}^{n} X_n \cdot W_n = (X_1, X_2, ..., X_n) \cdot (W_1, W_2, ..., W_n)$ 所以總輸入值就是輸入向量與權量向量的內積（inner product）。輸出值呢？

$$輸出值 = f\left(\sum_{n=1}^{n} X_n \cdot W_n\right)$$

f 是一個輸出函數（output function）。f 可以是線性函數或非線性函數。當 f 是線性函數時，我們就得到一個線性網路，

否則就是一個非線性網路。常用的非線性輸出函數有二值函數（step function），限制函數（limiting function）與 S 型函數（sigmoid function）。分別示之如**圖** 9-3。

　　概括來說，一個運算單元的計算可以分為二階段，第一階段收集來自其他運算單元的輸入值，第二階段則由輸出函數決定該運算單元的輸出值。圖示如**圖** 9-4。

1. 二值函數：　　　　　　　*2.* 限制函數

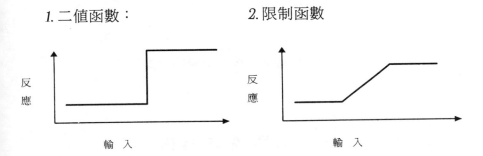

3. S 型函數

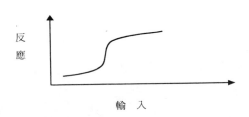

圖 9-3　**三種非線性輸出函數**

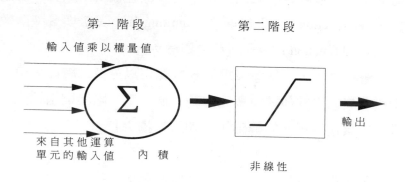

圖 9-4　一個運算單元的兩個階段

三、網路基本結構

上節說明單一運算單元的結構及其運算原理。一個神經網路即由一組運算單元依據特定的結構組成。組成方式幾乎沒有什麼限制，完全視實驗上之需求而定。**圖 9-5** 是四種網路的示意圖：①前傳網路（feed forward network）；②三層網路；③回饋（feedback）網路；及(4)不分層網路。

A：前傳網路

C：回饋網路

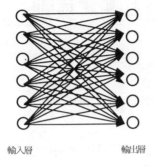

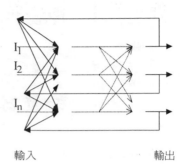

輸入層　　　　　　　輸出層

輸入　　　　　　　　輸出

B：三層網路

D：不分層網路

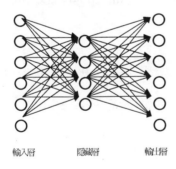

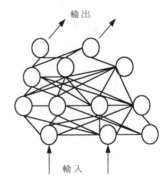

輸入層　　隱藏層　　輸出層

圖 9-5　ABCD 四種網路結構

第五節 神經網路運算基本原理

一、知覺器（Perceptrons）

Rosenblatt（1958）的知覺器在神經網路的研究上影響鉅大。藉著討論知覺器的理論上的限制，本節將介紹網路計算的基本原理。

知覺器的運算單元為門檻邏輯單元（threshold logic unit），即其輸出函數為

$$f\left(\sum_{n=1}^{n} X_n \cdot W_n\right) = +1 \text{，如果} \sum_{n=1}^{n} X_n \cdot W_n > 0\text{；}$$
$$f\left(\sum_{n=1}^{n} X_n \cdot W_n\right) = -1 \text{，如果} \sum_{n=1}^{n} X_n \cdot W_n \leq 0\text{。}$$

0 代表門檻值（見圖 9-6A）。知覺器是用上述的門檻邏輯單元所組成的二層前傳網路（見圖 9-6B）。最左邊的視網膜單元收集外來刺激，構成輸入向量值傳到中間的輸入層，輸入層再將此向量值送到輸出層去。輸入層和輸出層之間的聯結權量是可以修改的值。學習的目的便在修改這些聯結權量，直到輸出層給我們正確的輸出值為止。

A

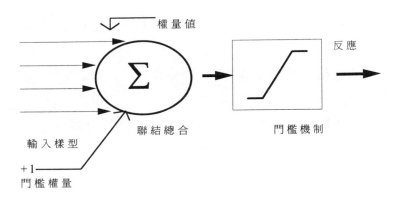

B

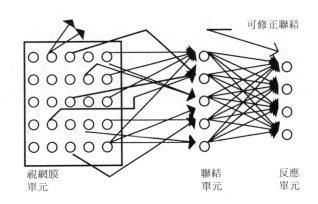

圖 9-6　A：門檻邏輯單元。B：知覺器，二層前傳網路

　　聯結權量如何修改呢？知覺器的學習法則是一種錯誤修正法（error correction rule），又稱之為△－法則。它的運作如下：

　　1. 當輸出值是正確的時，
$$W_{k+1} = W_k;$$
　　2. 當輸出值不對，而且正確值應該是＋1時，
$$W_{k+1} = W_k + CY_k;$$
　　3. 當輸出值不對，而且正確值應該是－1時，
$$W_{k+1} = W_k - CY_k。$$

Y_k 代表第 k 個訓練向量。W_k 代表第 k 次輸入時的權量向量。C 為常數。

　　這個學習法則為什麼會成功呢？下面是一個簡單的證明。當輸出值應該是+1時，$\sum_{n=1}^{k} W_k \cdot Y_k$ 應該大於 0。如果我們能增加 W_k 與 Y_k 的內積值，網路就會逐漸朝向正確值發展。我們來看 $W_{k+1} \cdot Y_k$ 是不是大於 $W_k \cdot Y_k$，如果是的話，輸出值便會朝著＋1增加。

$$
\begin{aligned}
W_{k+1} \cdot Y_k &= (W_k + CY_k) \cdot Y_k \\
&= W_k \cdot Y_k + C(Y_k \cdot Y_k) \\
&> W_k \cdot Y_k （因為 C(Y_k \cdot Y_k) > 0）。
\end{aligned}
$$

二、線性可區隔（Linearly separable）：

二層網路的限制

知覺器的結構雖然簡單，但是它的能力卻相當大。如果學習的目標是去區隔或分類線性可區隔的類，那麼知覺器收斂定理提供了一個嚴格的數學證明，證明知覺器一定可以學會這樣的分類能力。

什麼是線性可區隔的分類呢？假定 R^n 為 n 度的樣型空間（pattern space）。n 代表 n 個座標。向量（$x_1, x_2, ..., x_n$）代表在此空間中的一個樣型。一個樣型辨識器（pattern recognizer）可以視為函數。

$$f：R_n \rightarrow \{1, ..., m\}$$

所有空間中的點被歸為 m 類。我們可以設想在超維度空間 R^n 中的點被超維面（hyperplane）所區隔開來。讓我們稱函數 $g：R^n \rightarrow R$ 為區分函數，即 $g(x) = 0$ 決定了一個區隔二個樣型類的超維面。知覺器的學習其實就是在尋求這個函數 g。設若

$$g(x) = X_1 \cdot W_1 + X_2 \cdot W_2 + ... + X_d \cdot W_{d+1}$$

是一個兩個範疇的樣型分類器（pattern classifier）。知覺器的學習過程即在調整係數（$W_1, W_2, ..., W_{d+1}$）使得 $g(x) = 0$ 如果存在這樣的權量向量（即係數向量），則這兩個範疇或類

是線性可區隔的。

　　知覺區收斂定理證明只要是線性可區隔的類，知覺器都可以學習分類它們。不幸地，這也是知覺器或知覺器所代表的所有二層網路的理論限制。不是線性可區隔的類的分類就超過二層網路所能處理的範圍。圖 9-7 說明線性可區隔及非線性可區隔的類。

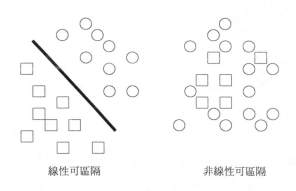

線性可區隔　　　　　　　　非線性可區隔

圖 9-7　線性可區隔與非線性可區隔

　　邏輯上 OR 這個邏輯函數是線性可區隔的。OR 的定義如下：

輸入值	輸出值
0,0	0
0,1	1
1,0	1
1,1	1

用歐氏空間座標來表示，如圖 9-8 所示，存在 $g(x) =$ 0 區隔平面空間上的四個點，OR 只有在（0,0）時為 0，其他均為 1。

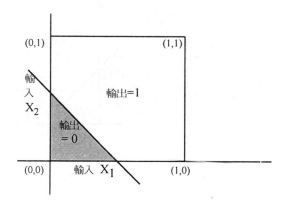

圖 9-8　OR 的空間座標圖

但 XOR（exclusive - OR）就不是線性可區隔的。XOR 的定義如下：

輸入值	輸出值
0,0	0
0,1	1
1,0	1
1,1	0

在**圖** 9-8 平面空間上我找不到一個 $g(x) = 0$ 來區隔（1,1）、（0,0）與（1,0）、（0,1）二類。要區隔這二類一定要用非線性的函數不可。例如**圖** 9-9 是一個可能的解。

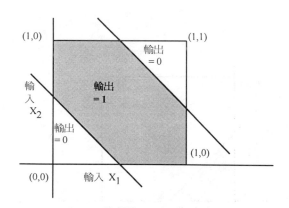

圖 9-9　XOR 的空間座標圖

三、線性與非線性

在一個分層網路裡，二層網路之間之聯結權量可以用一個矩陣來表示。例如下面的簡單網路（**圖** 9-10）。

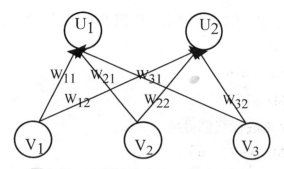

圖 9-10　二層網路之聯結權量矩陣圖

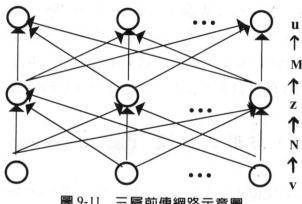

圖 9-11　三層前傳網路示意圖

　　圖 9-10 的聯結權量可以用矩陣表示如下：

$$W = \begin{pmatrix} W_{11} & W_{12} \\ W_{21} & W_{22} \\ W_{31} & W_{32} \end{pmatrix}$$

假定輸入量 $v = (v_1, v_2, v_3)$，輸出量 $u = (u_1, u_2)$。則

　　$u = Wv$。

　　現在來看一個三層網路（見**圖** 9-11）。如果這個網路是
線性的，則

　　　　$Nv = z$，

　　　　$Mz = u$。

令 z 由 Nv 來取代我們得到

　　　　$M（Nv）= u$，

即　　　$（MN）v = u$。

但是 $MN = W$，假設 W 為另一個矩陣，則 $Wv = u$。

　　這表示我們可以設計另外一個二層網路，其聯結權量矩
陣為 W 來執行同樣的一件事。這表示當網路為線性的時候，
增加其層次的數目在理論上並不能提升其分類能力。

四 、 分散式記憶（Distributed memory）

　　分散式記憶（或表徵）乃相對於區位式（localized）記憶
而言。數據電腦記憶體中資訊儲存方式是區位式的，意即一
件資訊儲存在一個特定的地址或記憶空間，同一個記憶空間
只能儲存一件資訊。當提取記憶體中的資訊時，我們依地址
找尋一個特定的區位。「祖母細胞」就是一個非常區位式的
記憶儲存方式。所謂「祖母細胞」是指關於祖母的表徵是由
一個特定的腦神經細胞來儲存。這種極端區位式記憶模式當
然不會真的發生在腦中，否則你的祖母細胞死亡時，你關於

祖母的記憶就消失了。人的記憶似乎沒那麼易脆。分散式與
區位式的分別是程度性的。人腦也不會是極端分散式的，而
是分成很多次系統，在次系統或次次系統中也許是分散的。
分散式記憶模式是指任何資訊的儲存都要用到某一特定表徵
資源的所有運算單元，而且在該特定表徵資源中所有的運算
單元都參與所有的表徵或記憶的儲存。

　　神經網路可以採取分散式，也可以採取區位式的記憶模
式。不過，理論上區位式的神經網路與古典學派的釋模在邏
輯上是等同的。如果神經網路釋模要真正有別於古典釋模，
則必須要採用分散式的記憶模式，否則這個學派在理論上與古
典學派就沒什麼不同的了。下圖例示分散式記憶的基本觀念。

祖母細胞式編碼

岩石：0 1 0 0 0 0 0 0 0 0 0…

狼　：0 0 1 0 0 0 0 0 0 0 0…

狗　：0 0 0 1 0 0 0 0 0 0 0…

綿羊：0 0 0 0 1 0 0 0 0 0 0…

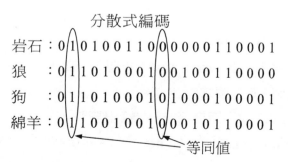

分散式編碼

岩石：0 1 0 1 0 0 1 1 0 0 0 0 0 0 1 1 0 0 0 1

狼　：0 1 1 0 1 0 0 0 1 0 0 1 0 0 1 1 0 0 0 0

狗　：0 1 1 0 1 0 0 0 1 0 1 0 0 0 1 0 0 0 0 1

綿羊：0 1 1 0 0 1 0 0 1 0 0 0 1 0 1 1 0 0 0 1

等同值

‖第六節‖　神經網路的學習

一、學習算程（Learning algorithms）

　　不同的網路往往需要不同的學習法則（或算程）。受限於篇幅，我們不能討論所有的學習算程。在這裡只介紹兩個學習法則來例示一個網路的學習算程。第一個在前面介紹知覺器時已經討論過了，現在我們來看一個比較複雜的算程——錯誤後傳學習算程（error backpropagation learning algorithm）。這個又稱為推廣式錯誤修正法則。此法則的觀念其實很簡單。如果網路的輸出值是錯的，我們先求其誤差值。困難的問題在於決定那一個聯結權量要修正多少。這個法則提供了一個方法來解決此問題。

　　假設為 $\triangle W_{ij}$ 為 j 單元與 i 單元之間的聯結權量修正值。則

$$\triangle W_{ij} = r \delta_j o_i。$$

r 代表學習率常數，δ_j 代表 o_j 所貢獻的錯誤程度，o_i 代表單元 i 的輸出值。δ_j 怎麼求呢？

　　①當單元 i 在隱藏層，j 在輸出層時，

$$\delta_j = (t_j - o_j) f'_j (net_j)；$$

②當單元 i 在輸入層，j 在隱藏層時，

$$\delta_j = \sum_{k}^{k} \delta_k W_{kj} \cdot f'_j(\text{net}_j) \text{。}$$

t_j 代表單元 j 的目標值，net_j 表單元 j 所收到的輸入總值，f' 代表微分。

二、以水雷為例

這個例子採用自 Churchland（1989）。水雷網路圖示如**圖 9-12**。

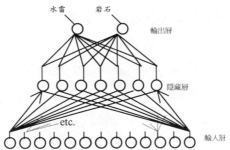

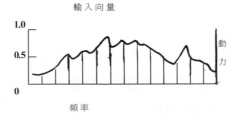

圖 9-12　水雷網路圖

　　這是一個三層非線性網路，使用上述的後傳法則。這個網路的目的在判斷由聲納傳回來的資訊到底是岩石還是水雷。以下分成訓練資料收集、訓練期與測試期，分別說明這個網路的運作。

　　1. **資料收集**：以聲納收集各種水雷與岩石的資料，然後將這些資料數據化，得到 n 個向量。將這些向量分成訓練組與測試組。

　　2. **訓練期**：將訓練組中的向量一次一個輸入輸入層。起始權量值均爲隨機值（random value）。最後由輸出層輸出一個二維向量（包含二個數值的向量）。假定水雷輸出的向量爲（a, b），而岩石爲（c, d）。如果輸入的向量代表水雷，則輸出值就應該是（a,b）。如果輸出值不是（a, b），求其誤差，然後依據後傳法則修正權量值。每一個訓練組中的輸入向量都這樣做一次，稱之爲一個週期（cycle）。經過一定數目的週期後，誤差值會趨向零。當誤差值爲零時，依據後傳法則，權量值就不再更動。

　　3. **測試期**：雖然訓練組中的向量輸入均已得到正確的輸出值，我們想測試這個網路可不可以分類新的、不在訓練組中的向量。如果輸出值都是正確的，該網路無疑已有一定程度的歸納能力。這符合我們對學習的瞭解，即由有限的訓練向量推廣到其他新的向量。

第七節　聯結論的認知建構

一、向量表徵

在第三節介紹了古典學派關於心理表徵的假說。根據古典學派的說法，心理表徵的格式是類似自然語言的語式表徵，換言之，心理表徵的格式是符號性的（symbolic）。神經網路學派的心理表徵則明顯地不是符號，而是向量。以三層網路為例，隱藏層中儲存的資訊好比我們的內在表徵。每一個表徵都是由隱藏層中的運算單元的活化值（activation value）來儲存。如果隱藏層有 n 個運算單元，則一個 n 維的向量就代表一個表徵。即使 n 不是很大，因為向量中的元素值均為實數值，所以 n 個運算單元能構成的向量的數目可以非常大，這表示其可能的表徵能力可以非常大。

二、表徵空間：以色彩認知為例

這個例子取自 Churchland（1995），視網膜包括了三種感光的錐形細胞分別對三種波長的光敏感。當這細胞受到光的

刺激時，這些刺激值會傳到另一組也是分成三類的細胞。這
三類細胞組成我們的色彩空間（color space）。每一個座標軸
代表一組細胞，分別是紅綠軸、黃藍軸與黑白對比軸，如圖
9-13。

　　三個座標軸的值構成一個三維向量。我們可以將向量想
像成色彩空間中的點。每一點表徵一個色彩。在此色彩空間
中，理論上有無限多點，不過我們的色彩認知可能沒有這麼
細緻。由圖 9-13 大致可說明不同的色彩表徵所佔據的空間位
置。

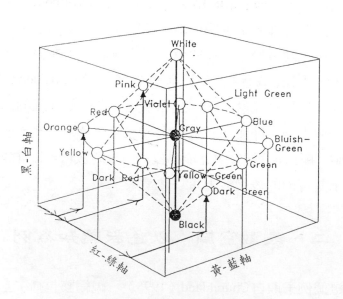

圖 9-13　色彩空間座標

　　你可以設想我們的記憶儲存方式就像色彩空間儲存色彩表徵一樣，構成內在心理表徵空間。表徵空間的維度可能遠超過三個，這種空間稱之為超維空間（hyperdimensional space）。我們可以視一個心理表徵為此一超維表徵空間中的一個點。也許你會問，我們的心理活動很複雜，我們會推理、想像、被感動等等。如果心理表徵只是表徵空間裡的一個點，我們如何解釋複雜的人類認知呢？事實上，我們可以用科學家解釋物理系統的語言，像線性代數，微積分與動態系統理論等，來描述或解釋心理表徵之間的關係，互動與演變。這個研究進路事實上賦予我們強大的數學工具來研究心與腦。

三、學習與權量空間（Weight space）

　　在第六節我們介紹了神經網路的學習。在那裡我們用後傳法則及水雷網路來說明學習的過程，可是並沒有說明學習原理。這節將以權量空間的概念來闡釋網路學習的原理。這樣的解釋適用所有的梯度下降算程（gradient descent algorithms）後傳算程即是梯度下降算程的標準例子。

　　什麼是權量空間？假設一個運算單元有 n 個輸入突觸（synapses），因此有 n 個聯結權量值。這 n 個權量構成一個 n 維的空間，稱之為權量空間。n 個權量值所構成的向量佔有

此空間中的一個點。

　　梯度下降算程的原理就是藉著權量値的修正逐步降低輸出誤差（output error）。既然我們視權量値爲權量空間的點，權量値的修正就好比權量向量（點）在權量空間的移動。權量向量的移動形成一條軌線（trajectory）。假設誤差値是空間中的 一個座標軸。最簡單的權量空間地景（landscape）如圖 9-14：

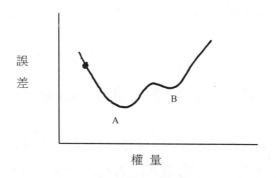

圖 9-14　權量空地座標圖

圖中黑點代表一個權量向量。梯度下降算程的目的在降低錯誤。A 點是最理想的結果，因爲在 A 點時誤差値最低。但有

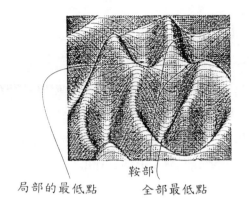

局部的最低點　　　鞍部　全部最低點

圖 9-15　權量空間的誤差地景圖

時候權量向量點會卡死在 B 點，稱為局部性的最低點（local minimum）。A 點稱之為全面性的最低點（global minimum）。知覺器所使用的誤差法則一定會收斂，即保證可以下降到最低點。但是後傳法則雖然比較強，卻不保證收斂。使用梯度下降算程的學習法則的主要困難之一便在於解決這個局部性最低點的問題。當權量空間維度為二維時，其地景圖如圖 9-15。

　　依此類推我們可以描繪一個超維空間的超維地景圖。此權量向量在此超維空間的演化軌線即代表學習的發展歷程。

參考文獻

Anderson, J. A. (1995). *An introduction to neural networks.* Cambridge, MA: The MIT Press.

Braddon-Mitchell, D. & Jackson, F. (1996). *Philosophy of mind and cognition.* Cambridge, MA: Blackwell.

Churchland, Paul (1989). *A Neurocomputational perspective: The nature of mind and the structure of science.* Cambridge, MA: The MIT Press.

Churchland, Paul (1995). *The engine of reason, the seat of the soul.* Cambridge, MA: The MIT Press.

Clark, A. (1993). *Associative engines: Connectionism. concepts, and representational change.* Cambridge, MA: The MIT Press.

Clark, A. (1998). *Being there: Putting brain, body, and world together again.* Cambridge, MA: The MIT Press.

Copeland, J. (1993). *Artifical intelligence: A philosophical introduction.* Cambridge, MA: Blackwell.

Davis, S. (Ed.)(1992). *Connectionism: Theory and practice.* Oxford: Oxford University Press.

Kim, J. (1996). *Philosophy of mind.* Oxford: Westview Press.

Quinlan, P. T. (1991). *Connectionism and psychology.* Chicago: The University of Chicago Press.

心理出版社有限公司圖書目錄

※為1997年6月後新書

A. 心理叢書

【一、心理學系列】

【二、一般心理系列】

【三、心理治療系列】

【四、心靈探索系列】

B.輔導叢書

【一、一般輔導系列】

C.教育叢書

【一、一般教育系列】

T.總經銷

V.諮商實務有聲圖書

永然法律事務所聲明啟事

　　本法律事務所受心理出版社之委任爲常年法律顧問，就其所出版之系列著作物，代表聲明均係受合法權益之保障，他人若未經該出版社之同意，逕以不法行爲侵害著作權者，本所當依法追究，俾維護其權益，特此聲明。

　　　　　　　　永然法律事務所

　　　　　　　　李永然律師

通識教育系列 8

心與腦

作　　　者：徐嘉宏（主編）
　　　　　　洪裕宏・梁庚辰・張復・張震東・嚴震東
出版主任：郭暖卿
發 行 人：許麗玉
出 版 者：心理出版社有限公司
社　　　址：台北市和平東路二段 163 號 4 樓
總　　　機：(02)2706-9505
傳　　　眞：(02)2325-4014
郵　　　撥：0141866-3
　E-mail：psychoco @ ms15. hinet net
駐美代表：Lisa Wu
　　　　Tel：973 546-5845
　　　　Fax：973 546-7651
法律顧問：李永然
登 記 證：局版台業字第 1963 號
印 刷 者：翔勝印刷有限公司
初版一刷：1998 年 2 月

ISBN 957-702- 259-6

國家圖書館出版品預行編目資料

心與腦 / 徐嘉宏等著 .- -- 初版 .-
臺北市：心理，1998 [民 87]
　　面；　公分. --　(通識教育系列；8)
含參考書目
ISBN 957—702—259—6 (平裝)

1.生理心理學　　2.神經系

172.1　　　　　　　　　　　　　87001511

讀者意見回函卡

No.＿＿＿＿＿　　　　　　　　　填寫日期：　年　月　日

感謝您購買本公司出版品。為提升我們的服務品質，請惠填以下資料寄回本社【或傳眞(02)2325-4014】提供我們出書、修訂及辦活動之參考。您將不定期收到本公司最新出版及活動訊息。謝謝您！

姓名：＿＿＿＿＿＿＿＿＿＿　性別：1□ 男 2□ 女

職業：1□ 教師 2□ 學生 3□ 上班族 4□ 家庭主婦 5□ 自由業 6□ 其他＿＿＿＿

學歷：1□ 博士 2□ 碩士 3□ 大學 4□ 專科 5□ 高中 6□ 國中 7□ 國中以下

服務單位：＿＿＿＿＿＿＿＿　部門：＿＿＿＿＿＿　職稱：＿＿＿＿

服務地址：＿＿＿＿＿＿＿＿＿　電話：＿＿＿＿＿　傳眞：＿＿＿＿

住家地址：＿＿＿＿＿＿＿＿＿　電話：＿＿＿＿＿　傳眞：＿＿＿＿

書名：＿＿＿＿＿＿＿＿＿＿＿＿＿＿＿＿＿＿＿＿＿＿＿

一、您認為本書的優點：（可複選）

　❶□ 內容 ❷□ 文筆 ❸□ 校對 ❹□ 編排 ❺□ 封面 ❻□ 其他＿＿＿＿

二、您認為本書需再加強的地方：（可複選）

　❶□ 內容 ❷□ 文筆 ❸□ 校對 ❹□ 編排 ❺□ 封面 ❻□ 其他＿＿＿＿

三、您購買本書的消息來源：（請單選）

　❶□ 本公司 ❷□ 逛書局⇨＿＿＿＿書局 ❸□ 老師或親友介紹

　❹□ 書展⇨＿＿＿書展 ❺□ 心理心雜誌 ❻□ 書評 ❼□ 其他＿＿＿＿

四、您希望我們舉辦何種活動：（可複選）

　❶□ 作者演講 ❷□ 研習會 ❸□ 研討會 ❹□ 書展 ❺□ 其他＿＿＿＿＿

五、您購買本書的原因：（可複選）

　❶□ 對主題感興趣 ❷□ 上課教材⇨課程名稱＿＿＿＿＿＿＿＿

　❸□ 舉辦活動 ❹□ 其他＿＿＿＿＿＿＿＿　　　（請翻頁繼續）

心理出版社有限公司

台北市106和平東路二段163號4樓

TEL:(02)2706-9505
FAX:(02)2325-4014
EMAIL:psychoco@ms15.hinet.net

沿線對折訂好後寄回

六、您希望我們多出版何種類型的書籍

　　❶□ 心理❷□ 輔導❸□ 教育❹□ 社工❺□ 測驗❻□ 其他

七、如果您是老師，是否有撰寫教科書的計劃：□ 有□ 無

　　書名/課程：_____

八、您教授/修習的課程：

　　❶上學期：_____

　　❷下學期：_____

　　❸進修班：_____

　　❹暑　假：_____

　　❺寒　假：_____

　　❻學分班：_____

九、您的其他意見

_____

謝謝您的指教！